나는 왜 항상
아이에게 지는가

아이의 고집에서 자꾸 밀리는
부모를 위한 협상 대화법

나는 왜 항상 아이에게 지는가

이임숙 · 노선미 지음

머리말

아이와의 올바른 협상이 가져다 주는 특별한 선물

: 부모는 아이와 하루에 몇 번이나 협상을 하고 있을까? :

처음 아이와의 협상을 주제로 책을 쓰자는 제안을 받았을 때 망설였다. '협상'이라는 단어를 부모 입장에서 쉽게 받아들일 수 있을까? 사랑하는 아이를 대상으로 협상을 한다는 게 우리 정서에 맞는 일일까? '협상'이라는 단어가 주는 불편한 느낌, '이익을 얻기 위한 수단'이라는 고정관념에서 쉽게 벗어나기가 어렵다.

하지만 아이를 키우는 우리의 일상을 찬찬히 들여다보자. 실제로 하루에 몇 번씩이나 부모와 아이는 협상을 벌이고 있다. 게다가 그것을 어떻게 하는가에 따라 아이를 키우는 방향과 그 결과에 너무 큰 차이가 있다. 협상이라는 단어가 주는 거부감과 불편함 때문에 이를 모르는 척 하기보다는 차라리 제대로 된 '자녀와의 협상'을 알고 효과적으로 활용하는 게 더 의미가 있다는 결론을 내렸다.

한석봉의 어머니는 깜깜한 어둠속에서 떡 썰기로 아들과 협상하였다. 그녀는 아들과의 승패를 가리는 경쟁적 협상을 한 것이 아니었다. 그녀의 협상은 학업에 지치고, 어머니가 그리워 찾아온 아들에게 다시 학업에 대한 열정과 동기를 불살라 주기 위한 묘수였다. 어머니의 깊은 뜻을 이해하고 다시 자신의 길을 나서는 한석봉에게도 이 협상은 성공적인 협상이었다. 이렇게 부모 자식 간의 협상은 때로는 경쟁적으로 보일 수는 있지만 결국엔 부모와 자식 모두의 바람을 충족하는 최선의 결과를 가져오게 된다.

: 아이를 존중하는 부모가 자녀와 협상할 수 있다 :

아이와의 협상은 아이를 부모 마음대로 조종하거나 부모가 원하는 아이로 만들어 간다는 의미가 아니다. 아이가 자신에 대한 이해와 깨달음을 얻고 더 멋지게 성장하도록 도와준다는 의미이다. 현상적으로 원하는 방법은 다를 수 있지만, 그 속에 숨은 진짜 목표는 '부모는 아이를 잘 키우고 싶다. 아이는 잘 자라고 싶다.'로 일치한다.

아이와 조목조목 따지며 협상하는 일이 왠지 힘든 느낌이 들어 피하고 싶은 때도 있다. 그래서 "아! 몰라. 어떻게 되겠지."라며 아이와의 갈등을 두루뭉술하게 넘어가는 경우가 있다. 그러나 그런 경험들은 나중에 어떤 식으로든 후회하게 된다. 반대로, 같은 목표를 가지고 부모와 자식이 협상한다면 서로 만족하는 협상을 할 수 있다. 만일 협상이 실패한다 해도 잃는 것보다 얻는 것이 훨씬 더 많다. 협상의 과정에서 서로 마음의 찌꺼기를 남기지 않고 소통하였기에 부모도, 아이도 서로를 더 잘 이해하고 더 사랑하게 된다.

가끔은 아이와 치열하게 협상을 해 보자. 그 과정은 아이에게 부모가 끝까지 자신의 말을 들어 준 것에 대한 감사와 존경, 그리고 부모와 동등한 입장에서 끝까지 의견을 피력한 자신에 대한 대견함과 자랑스러움을 남긴다. 그래서 아이는 또 한 번 훌쩍 성장하게 된다. 그리고 중요한 한 가지가 있다. 협상하는 부모는 아이를 존중하는 부모라는 점이다. 아이의 느낌과 생각, 의견을 존중하기에 협상이 가능하다. 협상을 통해 존중받은 아이는 스스로를 존중하게 되며 자존감이 높은 아이로 자라게 된다. 이 사실을 알리고 싶은 간절한 마음을 담아 글을 썼다. 긴 시간 동안 부모와 아이들을 만나면서 활용했던 효과적인 협상의 기술을 부모들에게 알릴 수 있어 기쁘다. 이 책을 통해 많은 부모와 아이들이 더 행복하게 성장해 가길 바란다.

이임숙, 노선미

프롤로그 005

PART 01 | 부모를 당황하게 만드는 아이의 협상 능력
아이와 당신의 협상은 이미 시작되었다

/ 아이는 부모의 약점을 알고 있다 013 // 아이와 협상? 말도 안 돼! 020 / / 왜 아이와 협상 대화법이 필요할까? 028 // 아이는 가장 어려운 협상 상대 034 // 아이와 부모의 윈-윈(win-win) 협상 대화법 042 // 부모가 잘못 가르쳐 준 협상 대화법 050 /

PART 02 | 아이의 행동을 변화시키는 협상 대화법
지혜로운 부모는 잔소리 대신 협상을 한다

/ 협상을 잘하는 부모의 대화법 059 // 아이와 같은 편에서 협상하라 072 / / 좋은 질문이 좋은 협상을 이끈다 080 // 창의적인 대안을 제시하는 협상 대화법 089 // 협상을 잘할수록 아이와의 관계는 좋아진다 100 /

PART 03   아이와 부모 모두에게 성공적인 다섯 가지 협상의 열쇠
아이의 속마음을 이해하는 것이 우선이다

/ **첫 번째 열쇠** 스토리텔링을 이용한 협상 대화법 **111** /
/ **두 번째 열쇠** 요구 속에 들어 있는 진짜 욕구를 찾아내는 협상 대화법 **121** /
/ **세 번째 열쇠** 아이가 행복해지는 요소를 찾는 협상 대화법 **132** /
/ **네 번째 열쇠** 강점을 알아내어 아이의 마음을 여는 협상 대화법 **145** /
/ **다섯 번째 열쇠** 좋은 생각을 찾아내어 행동을 바꾸는 협상 대화법 **156** /

PART 04   아이와 절대 해서는 안 되는 협상 대화법
모든 것이 협상의 주제가 될 수는 없다

/ 아이와의 협상 대화에서 실패하는 이유 **171** // 반드시 지켜야 할 것들을 협상해서는 안 된다 **176** // 협상과 보상 구분하기 **181** // 협상 대화를 통해 선택하고 책임지는 훈련하기 **187** // 부당한 협상에서 거절하는 법을 가르쳐라 **194** /

PART 05   부모의 협상 대화법, 아이를 진정한 리더로 만든다
협상력, 당당하고 건강한 사회인으로 살아가는 힘

/ 공부 시간 협상하기 **205** // 아이와 용돈 협상하기 **211** // 참기만 하는 아이에게 통하는 특별한 협상 대화법 **221** // 떼쓰고 우기는 아이에게 통하는 협상 대화법 **227** // 약육강식의 논리를 배운 아이를 위한 협상 **237** // 거짓말을 하는 아이와 협상하기 **245** // 도벽 있는 아이와 협상하기 **254** /

PART 01

부모를 당황하게 만드는
아이의 협상 능력

/

아이와 당신의 협상은 이미 시작되었다

아이는 부모의 약점을 알고 있다

: **우리 아이는 이럴 때 어떻게 하지?** :

한 달 전부터 아이와 이번주 토요일에 놀이공원을 가기로 약속을 했었다. 그런데 아빠가 회사에 갑자기 일이 생겼다며 다음 주 토요일로 약속을 미룬다. 이럴 때 우리 아이는 어떤 방식으로 이 문제에 대응할까?

7살 서준이는 아빠 말을 듣자마자 주저앉아 악을 쓰며 울기 시작한다. "몰라! 맨날 그래! 아빠 나빠! 엄마 미워!" 온갖 말을 다 쏟아낸다. 아빠는 인상을 찌푸리다 짐을 주섬주섬 챙겨서 회사로 가 버린다. 엄마는 아이를 달래려 애써 보지만 떼쓰는 아이를 이겨낼 재간이 없다. 한 번 떼쓰기 시작하면 결국 원하는 것을 다 들어 주게 된다. 아빠 회사일 때문인 걸 도대체 어쩌라고 아이는 저렇게 떼를 쓰는지 모르겠다. 어쨌든 저런 모습을 계속 참고 있기는 너무 괴롭다. 엄마는 아이를 달래기 위해 보상 조건을 내걸기 시작한다.

"그럼 엄마가 대신 스케이트장 데려가 줄게. 영화 보러 갈래? 친구 오라고 해서 집에서 놀까?"

"싫어, 싫어."

떼쓰던 아이는 하나하나 모두 다 싫다고 말하고 있지만 이미 머릿속으로 계산하기 시작한다. 엄마가 제안한 게 마음에 안 드는 건 아니지만 모처럼의 기회가 왔으니 좀 더 나은 조건을 얻고 싶어 어떤 제안을 하면 좋을지 생각하는 것이다. 아이가 드디어 말한다. "그럼 대신 레고 사 주세요."

이 사건의 결론은 이랬다. 엄마는 아이가 평소에 사 달라던 레고는 너무 비싸니 조금 싼 걸로 타협안을 찾았다. 아이가 수긍해 준 게 고맙기까지 했다. 겨우 아이를 달랠 수 있어서 그나마 다행이라는 생각이 들었다. 엄마는 아이와 함께 레고를 사러 갔으며 아이가 좋아하는 햄버거까지 사 주었다. 그런데 다음 주엔 놀이공원에 꼭 가야 하는데 혹시 또 무슨 일이 생겨 못 가게 될까 봐 걱정이다. 그땐 아이가 또 어떤 떼를 쓸지 모르기 때문이다. 아이가 떼만 쓰면 이렇게 원하는 걸 다 들어 주어야 하니 엄마는 힘겹다. 도대체 어떻게 해야 할지 모르겠다.

1학년 준서도 똑같은 상황을 만났다. 준서는 아빠가 또 약속을 어겼다며 서럽게 울기 시작한다. 아빠가 얼마나 약속을 자주 어겼고, 보나 마나 다음 주에도 또 어길 거라고 말하며 흐느껴 운다. "아빠 미워, 싫어. 나는 힘들어 죽겠는데. 나도 이제 엄마 아빠가 시키는 거 아무것도 안 할 거야."라며 엄마 아빠를 미안하게 만든다. 아빠는 회사로 출근하고 엄마는 아이에게 매달려 아빠 사정을 이해시키려고 애를 쓴다. 만약 아빠가 다음 주에도 못 가시게 되면 엄마 혼자서라도 꼭 데려가겠다고 약속한다. 하지만 아이는 그것으로는 성에 차지 않는다. "싫어! 몰라!"라며 더 슬프게 운다. 지쳐가는 엄마는 이제 아이를 위로할 수 있는 보너스를 더 얹어 협상에 임하게 된다. "다음 주엔 무슨 일이 있어도 꼭 갈게. 그리고 오늘은 네가 좋아하는 피자 시켜 줄게." 아이의 울음소리가 조금씩 잦아들기 시작한다. 엄마도 이제야 마음이 조금 놓인다. 아직 울음기가 남아 있는 목소리로 아이가 말한다. "그럼, 치킨이랑 세트로 시켜 주세요."

이 사건의 결론은 이렇다. 아이는 다음 주에 놀이공원에 갈 수 있게 되었다. 아빠가 못 가시면 엄마라도 꼭 데리고 간다는 확답을 받아 냈으니 말이다. 엄마가 이 정도로 말씀하셨다면 분명히 약속을 지킬 것이다. 그리고 덤으로 오늘 저녁엔 그토록 먹고 싶었던 피자와 치킨을 세트로 먹을 수 있게 되었다. 처음엔 아빠가 원망스러웠지만 이제 만족스럽다. 피자와 치킨이 유난히 더 맛있게 느껴진다.

: 부모에게 남은 것과 아이가 얻은 것 :

서준이 엄마가 얻은 건 뭘까? 약속을 어긴 남편이 원망스럽고, 떼를 써서 자신을 힘겹게 하는 아이도 원망스럽다. 늘 이런 상황에서 아이에게 끌려가는 자신이 마음에 들지 않는다. 아이 키우는 일이 이렇게 힘들기만 하니 아이가 클 때까지 어떻게 살아야 할지 모르겠다. 평소 약간 우울감이 있는 서준이 엄마는 이런 일이 생기는 날이면 어김없이 우울해진다. 결국 엄마에게 남은 건 남편과 아이에 대한 원망감, 자신에 대한 자괴감, 그리고 우울감이다.

그에 반해 7살 서준이는 무엇을 얻었을까? 부모가 약속을 어겼으니 마치 승리자 같은 당당함으로 자신이 원하던 레고를 얻었다. 오늘 당장 놀이공원을 못 간 건 아쉽지만 그래도 다음에 가자고 끊임없이 큰소리칠 수 있게 되었으니 그것도 괜찮을 것 같다. 원래 갖고 싶었던 레고가 아니라 좀 작은 걸로 양보해 줬으니 엄마에게 미안하지도 않다. 서준이는 레고를 갖고 놀며 어느새 즐거워하고 있다.

준서 엄마에게 남은 건 무엇일까? 약속을 어긴 남편이 원망스럽고, 다음 주엔 혼자라도 꼭 아이와 함께 놀이공원을 가야 하는 부담도 생겼다. 예상치 않게 피자와 치킨까지 시키면서 지출도 하게 되었고, 게다가 아이 건강에 대한 걱정까지 혼자 떠안게 되었다.

1학년 준서가 얻은 것은 확실하다. 자신이 얼마나 힘든지 이 기회를 통해 표현했다. 공부하고 숙제하고 학원가는 모든 일을 엄마 아빠를 위해서 해 주고 있는데, 약속을 어긴 일은 분명히 부모의 잘못이라는 것을 확실하게 증명했다. 자신은 보상받을 권리가 있고 부모는 의무를 행해야 한다고 은연중에 모두 표현했다. 이미 주도권을 획득한 것을 깨달은 아이는 슬쩍 치킨까지 끼워 넣었다. 결국 준서는 놀이공원에 대한 약속도 받아 냈고, 피자와 치킨까지 얻었다. 무척 만족스럽다.

서준이 아빠와 준서 아빠는 어떨까? 일단 많이 억울하다. 일부러 그런 것도 아닌데 혼자 죄인이 된 것 같다. 주말에도 일해야 하는 자신이 오히려 더 위로받아야 하는 게 아닌가 하는 생각이 든다. 가족을 위해 일하는 자신의 입장은 이해해 주지 않고 원망만 들었으니 기분 나쁘고 억울하고 '나는 뭐지?' 하는 허탈한 느낌도 든다.

아이들은 얻고 싶은 걸 다 얻었고, 엄마들은 원망과 걱정, 경제적 지출까지 감당하게 되었다. 아빠들은 허탈함과 씁쓸함만 남았다. 왜 이렇게 될 수밖에 없었을까?

: 아이는 이미 협상하고 있었다 :

    정해진 약속이 깨지는 순간부터 이 가족들은 협상하기 시작하였다. 떼쓰는 서준이, 흐느껴 우는 준서, 두 아이는 각각 떼쓰기와 눈물이라는 협상 카드를 갖고 시작했지만 엄마와 아빠는 아무런 준비가 되지 않았다. 아주 단순히 아이가 이해해 주기만을 바라며 대화를 시작했기에 협상의 시작부터 아이에게 주도권이 있었다. 약속을 어겼으니 당연히 부모가 미안해해야 하고, 그러하니 아이의 요구를 들어 주어야 한다고 생각할 수도 있다. 하지만 아이를 키우면서 부모가 아무리 진심으로 약속한다고 해도 그 약속이 깨질 확률은 매우 높다. 그때마다 아이가 원하는 대로 해 주는 것으로 문제를 해결하면 안 된다. 상황에 따라 현명한 방법으로 서로 협상해서 문제를 해결하지 않으면 안 된다. 게다가 이번 약속이 깨진 것은 아이에게 미안하기만 할 일이 아니다. 오히려 주말에도 쉬지 못하는 아빠를 위로하고 가족을 위한 희생에 감사해야 할 일이다. 그런데 이런 생각을 하지 못한 채, 약속을 어겼다는 사실에 대한 미안한 마음만으로 대화를 시작했으니 결론은 뻔하다. 아이가 이길 수밖에 없는 협상을 시작한 것이다.

    부모는 아침에 아이를 깨우는 일부터 숙제와 공부를 시키는 일, 그리고 형제들 간에 사이좋게 지내는 문제까지도 모두 아이와 실랑이를 하고 있다. 그러나 제대로 된 협상의 기술을 모르고 있는 게 현실이다. 그래서 아이를 혼내고 끝나거나 부모가 지는 걸로 끝났다. 둘 다 좋지 않은 방법이다. 누군가 한쪽이 이기고 다른 한쪽이 지는 건 교육도 아니고 좋은 양육도 아니다. 아이를 잘 키우기 위해 부모에게 필요한 건 성숙한 협상 기술이다. 이제 좋은 부모가 되기 위해 진지하게 협상에 대해 고민해 보자. 우리의 일상은 변화무쌍하고 늘 계획대로 되지 않는다. 그럴 때 필요한 건 합리적이고 현명한 협상이다. 서로의 마음을 이해하고, 서로에게 도움이 되는 쪽으로 협상하지 않으면 사랑하는 부모 자식 간에 상처만 남게 된다.

 객관적으로 다시 한 번 살펴보자. 아이들은 어떤 작전으로 원하는 걸 얻었나? 서준이는 '떼쓰기'로 원하는 걸 얻었고, 준서는 속마음을 드러낸 '울기'로 원하는 걸 얻었다. 아이가 어떤 협상 기술을 사용하고 있는지 알아차리지 못했던 엄마 아빠는 아이가 원하는 대로 끌려갔다. 이는 현명한 부모의 모습과는 거리가 멀다. 이제 엄마 아빠가 협상의 기술을 배울 때이다.

아이와 협상?
말도 안 돼!

: 부모 자식 간에 무슨 협상? :

 부모들에게 아이랑 협상할 줄 아는지 물으니 이렇게 말한다. "아니, 애 키우는 데 무슨 협상이에요? 애랑 무슨 흥정하는 것도 아니고, 부모 자식 간에 그런 것 까지 해야 돼요?"
 그런데 협상에 대해서는 이렇게 난색을 표현한 엄마가 아이스크림을 사 달라고 칭얼대는 아이와 나누는 대화는 이렇다.

 "엄마, 아이스크림 사 줘."

"너 아까 하나 먹었잖아. 오늘은 안 돼."

"아! 사 줘!"

"얘가 왜 이렇게 떼를 쓰니? 안 된다고 했잖아."

"아, 몰라. 사 줘!"

"지금 엄마 이야기하는 거 안 보여? 나중에 얘기해."

"아, 지금 빨리 사 줘!"

"아 참, 그만하라니까? 알았어. 그 대신 너 집에 가자마자 숙제부터 해야 한다. 알았지?"

아이와 나누는 이런 대화를 우리는 무엇이라 불러야 할까? 처음엔 거절, 다음엔 나중에 말하자며 미루기, 마지막엔 집에 가자마자 숙제해야 한다는 조건 내걸기, 이런 과정을 거쳐 아이의 요구를 들어 준다. 아이를 키우는 부모라면 하루에도 몇 번씩 이런 대화를 나누고 있다는 사실을 잘 알고 있다. 흔히 하는 말로 머리 꼭대기에 올라앉은 아이들은 자신이 필요로 하는 것을 얻으려면 언제 어디서 무엇을 어떻게 해야 하는지 늘 배우고 있다. 그중 한 가지가 엄마가 누군가와 대화를 나누고 있을 때, 혹은 아빠가 누군가와 전화 통화를 할 때가 바로 원하는 걸 얻을 수 있는 절호의 기회임을 배웠다. 길에서 누군가와 대화를 시작한 엄마를 보며 아이는 자신이 무언가를 요구할 수 있는 기회라는 걸 알아차린다. 엄마가 사회적 체면 때문에

라도 들어 줄 거라 생각한다. 엄마가 몇 번 안 된다고 말하기도 하고, 살짝 언성을 높여 혼내기도 하겠지만 결국엔 자신이 원하는 대로 될 거라는 걸 잘 안다. 아빠는 좀 더 쉽다. 그나마 이렇게 조건을 내걸고 아이와 흥정하는 경우는 나은 편이다.

"아, 그만 좀 해. 엄마가 몇 번 말했어? 계속 이럴 거야? 혼나 볼래? 너 이리 와!" 이렇게 소리 지르며 화를 내고서야 상황이 마무리되는 경우가 더 많다. 그 결과는 뭐 더 이상 말할 것도 없다. 두 가지 모두 부모가 원하지 않는 결과이다. 도대체 이럴 땐 어떻게 하는 것이 좋을까?

: 지금은 대안이 필요할 때 :

사실 이 질문에 대한 답은 막연하지만 모두 알고 있다. 올라오는 화를 참고 "그래, 아이스크림이 먹고 싶구나."라며 마음을 읽어 주는 공감대화를 하든지, 아니면 "네가 아무리 떼를 써도 지금 아이스크림은 절대 사 줄 수 없어. 넌 오늘 한 개 먹었어. 내일 먹을 수 있어."라고 단호하게 말하고 흔들리지 않는 훈육의 자세를 보이는 것이다. 그런데 올라오는 화를 참고 공감하는 대화를 하려니 참는 게 너무 힘들고, 냉정함을 유지하며 단호하게 말하는 건 더더욱 어렵다. 정말 욱하는 대로 성질내서 혼내는 게 제일 쉽다. 하지만 그러면 상처를 너무 많이 받는다니 그것도 할 수 없다. 하루에도 여러 번 이런 상황이 생긴다면 단순히 마음을 읽어 주는 것만으로는 해결되기 어렵다. 게다가 아이의 이런 행동이 이미 습관화된 경우라면 아무리 엄마 아빠의 속 타는 마음을 나-전달법(내가 어떤 생각이나 느낌을 갖고 있음을 상대에게 진실하게 전달하는 의사소통 방법)으로 말해도 별 효과가 없다.

반대로 공감과 훈육, 이 두 가지 방법이 성공하는 때도 있다. "동생이 너무 성가시게 굴었구나." 하고 동생 때문에 속상한 마음을 읽어 주었더니, 잠시 후 오히려 동생이 어려서 그렇다며 엄마를 위로해 주고 동생을 더 잘 돌보기도 한다. "오늘은 아이스크림 절대 안 돼."라며 낮은 소리로 단호하게 말했더니 잠시 찡찡거리더니 예쁜 표정으로 다가와서 그럼 내일 낮에 꼭 사 달라며 애교를 부린다. 이럴 땐 참 뿌듯하다. 성공적인 공감대화를 통해 아이가 조금 순해진 듯해서 좋았다. 그런데 시간이 가면 이상하게 더 잘 되기보다 별 변화가 없고 정체된 것 같은 느낌을 받는다. 어떤 경우엔 노력해서 공감해 주고 즐겁게 놀아 주었더니 오히려 투정과 짜증이 늘기만 해서 뭔가 잘못된 것 같은 느낌을 받기도 한다. 아이들이 하는 말도 전혀 예상 밖이다. 엄마한테 그런 식으로 말하지 말라고 노골적으로 거부하는 아이들도 있다. "엄마가 맨날 '구나' 타령이에요."라며 불만을 말하는 아이들도 있다. 그 아이들의 얘기를 들어 보면 그 마음이 이해가 된다. 자기 마음을 알아주고 이해해 주는 건 좋지만 왠지 갑갑하고 더 이상 진전되는 느낌이 들지 않아서 그렇단다. 어떤 경우엔 알아주는 척 하면서 결국엔 자기 마음대로 하려고 자신을 조종하려 할 때만 쓰는 것 같다며 불쾌해한다. 아이는 자신이 존중받지 못한다고 느끼는 것이다. 반대로 단호함을 자주 보였더니 그 단호함에서 애정의 기운을 느끼지 못한 아이는 엄마가 엄마 같지 않다고, 까다롭고 엄격하기만 하여 엄마가 싫다고 말한다.

"아! 제발 공감이고 훈육이고 그런 거 없이 아이 키우는 방법 없어요? 힘들어 죽겠어요."

공감과 훈육이 육아에서 필수이고 매우 중요한 요소들이지만 공감도 훈육도 그 자체를 잘하기도 어렵고 그 둘의 균형을 맞추기는 쉽지가 않다. 그래서 아이를 키우는 부모에겐 좀 더 쉽게 할 수 있는 또 다른 대안이 필요하다는 생각이 든다. 공감과 훈육을 사용하기가 어렵다고 느낀다면, 혹은 사용은 했지만 그 다음에 무엇을 해야 할지 막막하게 느껴지는 경우라면 이제 뭔가 다른 대안을 생각해 볼 때다. 이렇게 육아가 힘들기만 할 때는 뭔가 새로운 대안을 찾아봐야 하지 않을까?

: 자식 앞에만 서면 :

　외국계 은행에서 꽤 높은 직책을 맡고 있는 엄마를 만났다. 그녀는 3개 국어에 능통했고, 회사 일을 훌륭하게 수행했으며, 어떤 대상을 만나도 세련된 솜씨로 협상을 하여 능력을 인정받았다. 한마디로 직장에서 그녀는 아주 일을 잘했다. 그녀를 놓치기 싫은 회사에서는 아이와의 절대시간이 부족한 그녀를 위해 주 2회는 오전 근무만 하고, 급한 일은 집에서 처리할 수 있도록 배려해 주었다. 그런데 그녀의 훌륭한 사회적 능력이 아이에게는 전혀 발휘되지 못하고 있었다. 그렇게 능력 있는 그녀가 아이 앞에선 왜 그렇게 무능해질까? 엄마는 아이의 고집에 넌더리가 난다며 고개를 절레절레 흔든다. 엄마 말을 전혀 듣지 않는다고, 아이가 미워 죽겠다고 말한다. "아! 짜증 나!"라고 아이가 한마디 불쑥 내던지면 어떻게 아이가 부모한테 저런 말을 할 수가 있느냐고 하소연한다. 그녀에겐 아이의 문제 행동만 보이나 보다. 아이가 왜 그런 행동을 하는지 의도를 파악하지 못할 뿐 아니라, 그에 대응하는 방법도 아주 단순하고 일차원적이다. 아이가 짜증내면 화내고, 투정 부리면 훈계하고, 자기 기분이 나쁘면 저리 가라며 아이를 거부한다. 아이를 대하는 모습으로 봐서는 그녀가 그렇게 능력 있는 사회인이라는 사실이 이해되지 않을 정도이다. 한 가지가 궁금해진다. 왜 그녀는 자신의 사회적 능력을 아이 키우는 일에는 전혀 사용하려 들지 않을까?

대기업의 간부로 일하는 어떤 아빠를 만났다. 그 또한 회사 일을 아주 잘한다. 입사 동기보다 빠른 승진은 물론, 영어도 잘해서 외국 출장도 자주 다닌다. 능력 있는 엘리트로서 한껏 자신감이 가득 차 있다. 물론 버겁고 힘든 일도 많지만, 동료들이 처리하지 못하는 일도 거뜬히 해내는 자신이 무척 자랑스럽다. 그래서 그는 자신의 아이도 그만큼 당연히 잘할 거라 기대했다. 주말마다 짬을 내어 초등학교 1학년에 입학한 아들의 공부를 가르쳤다. 그런데 자기 아이가 그렇게 멍청하고 머리가 나쁠 줄은 몰랐단다. 어떻게 학교에서 배운 걸 틀릴 수가 있는지, 어제 설명한 걸 오늘 까먹을 수 있는지 이해가 되지 않았다. 아이를 붙들고 있는 대로 화를 내기 시작했다.

"아까 설명한 걸 또 잊어버리면 어떻게 해! 너, 바보야? 응? 집중 안 할래? 생각을 하란 말이야! 어이구."

사회적으로 정말 유능한 엄마 아빠들조차 왜 자식 앞에만 서면 자신의 유능함을 발휘하지 못할까? 아이를 잘 키우려는 간절한 마음이 현명하고 지혜로운 생각을 가로막고 있는 건 아닐까? 다른 사람에겐 그렇게 잘 발휘되는 훌륭한 능력들, 공감 능력과 감정 조절, 언어적 표현과 창의적 사고력, 그 모두를 활용한 협상 능력은 모두 어디로 가 버리고 쉽게 흥분하며 화내고, 아이의 작은 실수에도 극도로 불안해하며 정신을 차리지 못하는 것일까?

전업주부인 엄마의 경우도 마찬가지이다. 알뜰하게 살림을 꾸리고, 가족들의 먹을거리, 입을거리 모두 현명하게 잘 챙기는 엄마이다. 주변 사람들과의 관계도 좋아 이웃들과 잘 지내고, 학부모 모임에서도 분위기를 잘 조성하며 풍요로운 사회생활을 영위해 나간다. 가까운 사람들에게 해결해야 할 문제가 생기면 조언도 잘하고, 때때로 직접 나서서 도와주기도 한다. 좀 더 자신의 역할을 잘 해내기 위해 책도 자주 읽고 좋은 강의도 들으며 교양도 쌓아 간다. 그런데 이렇게 자신과 가족의 삶을 잘 꾸려가는 그녀도 자식 앞에만 서면 정신을 못 차리기 일쑤다. 아이의 작은 잘못에도 몹시 화를 내고, 안 좋은 성적 앞에서 크게 좌절한다. 만약 당신이 부모로서 이런 일이 비일비재하다면 이건 뭔가 잘못되었다는 신호이다. 앞으로 계속 이렇게 하면 안 된다는 아주 중요한 메시지라는 의미이다. 이럴 땐 자신을 스스로 고쳐 나갈 수밖에 없다. 뭔가 대책을 마련해야 한다.

왜 아이와 협상 대화법이 필요할까?

: **부모가 아이와 협상을 해야 하는 이유** :

부모가 제대로 된 협상을 해야 하는 가장 중요한 이유가 있다. 아이들이 잘못된 협상의 기술을 먼저 배운다는 사실 때문이다. 아이들의 마음을 들여다보면 때때로 부모보다 훨씬 앞서 있는 모습을 발견한다. 협상이라니 말도 안 된다고 생각하며 제자리에 머물러 있는 부모들에 비해, 아이들이 세상사는 방법을 터득하는 모습을 보면 참 자유분방하다. 자신이 처한 환경을 탐색하고 받아들이면서 살아가는 방법을 터득하고 있다. 자신이 원하는 것을 위해 언제 어디서 어떻게 협상해야 하는지 하나씩 배우며 목록을 만들어 가는 것이다.

물론 이 방법들이 모두 사회적으로 바람직한 것은 아니다. 아이들은 때때로 자신의 성장을 오히려 방해하고, 인간관계를 다치게 하고 서로에게 상처를 주는 방법을 택하기도 한다. 그래서 문제가 된다.

아이들이 원하는 것을 정당하고 건설적인 방법으로, 나에게도 상대에게도 도움이 되는 발전지향적인 방법으로 얼마든지 좋은 결과를 얻을 수 있는 올바른 협상의 기술을 배우면 좋겠다. 과연 그런 바람직한 협상의 기술을 부모가 아이에게 가르치고 있는가?

아마 선뜻 자신 있게 그렇다고 답할 수 있는 부모는 별로 없을 것 같다. 부모 자식 간에 '협상'이라는 단어를 끼워 넣는 것이 솔직히 별로 마음에 들지 않는다. 왜 굳이 사랑하는 아이에게 계산적인 협상을 하라고 하는지 못마땅한 마음이 더 크다. 그런 마음에 머물러 있다 보니 부모는 제자리걸음을 하는 반면, 아이들은 하루가 다르게 잘못된 협상의 기술을 배우고 있다.

아이를 잘 키우고 싶은 마음과 자신이 실행하고 있는 방법이 일치하고 있는지 점검해 보자. 만약 이 두 가지가 잘 조화되어 아이를 키우는 순간순간이 큰 문제없이 잘 진행되고 있다면 괜찮지만, 만약 그렇지 못한 상황이 반복된다면 이제 생각해 볼 차례이다. 내가 키우고 싶은 방향과 그 방법이 일치하지 않고 있다면 자식이 다 크고 난 뒤에야 '그때 그렇게 하지 말걸.'이라며 뒤돌아서 후회하게 될지도 모른다. 그러니 이제 부모는 '협상'에 대해 생각해 보아야 할 때다.

　아직도 뭔가 협상이 마땅치 않다고 뒤에서 끌어당기는 듯한 느낌이 든다면 한 번 더 마음을 정리해 보자. 왜 좀 더 지혜로운 방법으로 아이를 키울 수 있는 방법이 있는데 작은 선입견과 고정관념 때문에 그 방법을 받아들이지 않으려 하는 걸까? 세상을 움직이는 경제와 경영, 정치 현장에서 매우 중요한 역할을 하고 있는 협상의 기술을 왜 우리 가정에서 사용하면 안 되는 것일까?

　아직 부모 자식 간에 협상을 가르치고 연구한 학문적 연구 결과는 별로 찾아볼 수가 없다. 그래서 솔직히 이 책에서 말하고자 하는 부모 자식 간의 협상이 얼마나 효과적인지에 관한 이야기들은 필자의 경험에서 나온 깨달음과 통찰임을 미리 밝혀 둔다. 그래도 세계적인 협상의 대가들이 정치와 경제 현장에서의 협상 기술을 말하면서 동시에 가족과 부모 자식 간의 협상을 말하고 있다는 사실은 든든한 버팀목이 되고 참 흥미롭기도 하다.

　협상 전문가들이 말하는 협상의 의미는 우리가 막연하게 생각하는 협상과는 꽤 다르다. 그들은 하나같이 남을 누르고 나만의 이득을 취하는 게 협상이 아니라고 말한다. 서로의 입장을 이해하고, 진심으로 원하는 것이 무엇인지 알아주고, 서로에게 도움 되는 새로운 대안을 찾으려 애쓰는 과정을 협상이라 말한다. 그 과정에서 서로에 대한 신뢰가 생기고 성장한다는 데 의미가 있다는 것이다. 정말 이런 것이 협상이라면 부모가 자식에게 제대로 된 협상을 가르치는 건 매우 중요한 일이 될 것이다.

: 협상이란 무엇인가? :

이제 협상에 대해 제대로 알아보자. 협상(協商: 도울 협, 장사 상)이라는 한자 속에 장사라는 의미가 들어 있으니 이익을 얻으려고 물건을 사고파는 일에 활용하는 기법이라는 생각을 갖게 된다. 그래서인지 장사 이외의 관계에서 협상이라는 단어를 사용하는 것이 불편하다. 그러나 '협상'은 어떤 목적에 부합되는 결정을 하기 위하여 여럿이 서로 의논한다는 사전적 의미를 갖고 있다. 이 뜻을 보면 여럿이 서로 의논한다는 의미이지 자신만의 이익을 위해 타인의 이익을 무시한다는 의미가 아니다. 한마디로 협상은 '협잡'이 아니다. 협잡이란 '자기의 이익을 얻으려고 옳지 않은 방법으로 남을 속이는 것'을 말한다. 이제 협상을 사전적 의미 그대로 사용해 보면 어떨까?

날이 갈수록 사람들 사이에서 서로의 생각을 나누는 것이 어려워지고 있다. 작은 갈등조차 의논하지 못하고 더 큰 사건으로 확산되는 경우를 자주 본다. 친한 친구 사이에서, 사랑하는 가족 사이에서 끊임없이 비극이 발생되는 것은 어쩌면 우리가 제대로 협상할 줄 모르기 때문은 아닐까? 오늘날, 가족 간의 관계에서도 많은 것들이 변하고 있다. 부부 갈등과 이혼 문제, 부모 자식 간의 재산으로 인한 법정 싸움, 친구 간의 폭력으로 인한 끔찍한 사건들 등 주변에서 들리는 말들은 뒤숭숭하기 짝이 없다. 나이가 들면서 우리 집에서 그런 일이 일어날 줄 몰랐다고 말하는 사람을 꽤 많이 만난다. 영원한 사랑을 다짐하며 결혼했지만 어느새 이혼을 들먹이며, 배우자를 원수 대하듯 한다. 그 와중에 아이들이 받는 상처와 절망, 두려움은 말할 필요가 없다. 부모님이 돌아가시니 형제간에 재산 싸움하느라 수십 년 간의 가족애가 한순간에 박살난다.

주변이 어지러울수록 우리 가족을 다시 잘 돌아보자. 오늘 하루를 잘 살아낸다면 그 하루하루가 모여 우리의 삶이 된다. 아이가 학교에 잘 다니기 위해, 숙제를 잘 하기 위해, 공부를 열심히 하기 위해, 형제와 의좋게 지내기 위해 우리는 늘 의논하며 살고 있다. 하지만 제대로 의논하는 법을 알지 못해 의논만 하면 불화가 생기거나, 갈등이 폭발한다면 더 이상 미룰 때가 아니다. 이제 새로운 관점으로 협상이란 존재를 우리 집안으로 한번 들여놓자. 철이 바뀌면 계절에 맞는 이불로 바꾸고 옷장을 새롭게 정리하듯, 어제까지 알던 대화의 기술과 의논 방식이 더 이상 효과를 발휘하지 못하다면, 새로운 방법을 찾아야 한다.

찬바람이 매섭게 부는 날, 아이에게 얇은 옷을 입히는 부모는 없을 것이다. 부모의 우직한 대화 방식이 너무 우직해서 아이를 힘들게 하고, 부모는 상처 입고, 누구도 발전하지 못한다면 그 우직함은 정의로운 뚝심이 아니라 아이를 괴롭히는 아집과 편견으로 평가될 수밖에 없다.

아이는 가장 어려운 협상 상대

: 우리 아이가 사용하는 협상 전략 :

왜 협상의 대가들이 아이와의 협상에 대해 말하면서 어른들 간의 협상보다 더 어렵다고 말할까? 우리 아이들이 사용하고 있는 협상의 기술을 한번 살펴보자.

우선 떼쓰기, 짜증내기, 화내기, 울기가 기본이다. 엄마나 아빠 중 자기 말을 잘 듣는 사람에게 쪼르르 달려가 원하는 걸 얻어 낸다. "엄마 미워, 아빠 미워."라며 사랑의 밀고 당기기도 아주 잘한다. 심하면 자기 머리를 바닥에 쿵쿵 박거나 손톱을 물어뜯는 자해행동으로 부모를 긴장시키기도 한다. 아이들이 이렇게 다양한 기술을 사용하고 있으니 부모는 난감하고 힘들 수밖에 없다. 이럴 때 어떤 방법을 취할 수 있을까? 지금까지 알고 있던 방법이 그다지 효과적이지 못했다면 '협상'이라는 단어를 떠올리기 바란다. 몇 가지 간단한 원칙만 지키면 다양한 상황에서 지혜롭게 아이와 협상할 수 있으니 조금만 힘을 내기 바란다.

: 협상은 누가 먼저 시작했을까 :

"조용히 앉아서 제대로 밥 먹자. 다 먹으면 그림 그리고 놀자."
"밥 잘 먹으면 스마트폰 하게 해 줄게."
"조용히 있으라니까. 스마트폰 안 돼. 가만히 있어."

식당에 가면 세 살배기 유아와 함께 식사하러 온 가족들을 보게 된다. 공중도덕을 지키며 밥을 잘 먹어야 하는 상황에서 부모들이 아이를 통제하기 위해 시도하는 방법을 보면 크게 위의 세 가지 경우이다. 첫째, 아이가 놀 장난감이나 그림 도구를 미리 준비해 아이 손에 쥐어 주는 경우이다. 아이는 가족들과 눈을 맞추고 이야기를 듣기도 하고 말을 하기도 하며 밥을 먹는다. 아이가 지루해하면 아이가 좋아하는 그림 그릴 도구나 간단한 장난감을 준비해 시간을 보내도록 한다. 물론 거기에 집중하는 시간이 짧아 엄마에게 칭얼댈 수도 있지만 이 정도를 준비할 줄 아는 엄마라면 아이와 잠시 밖을 다녀오거나 다른 무언가로 관심을 끌 수 있다. 어른들은 무사히 식사를 끝내고, 아이도 기분 좋은 경험을 하게 된다.

두 번째는 스마트폰을 아이 손에 쥐어 주는 경우이다. 이 방법은 어른 입장에서 보면 아이를 조용히 있게 하는 가장 강력한 방법이다. 아이는 삼십분이고 한 시간이고 거기에 빠져 정신을 못 차리니 말이다. 자신이 뭘 먹고 있는지 신경도 쓰지 않고, 그저 스마트폰의 영상이나 게임에 정신을 팔고 있다. 유아에게 스마트폰이 얼마나 나쁜지, 한창 발달하는 아이의 두뇌에 어떤 악영향을 끼치는지는 뒷부분에서 좀 더 자세히 이야기하겠지만 어쨌든 이 방법은 가장 나쁜 방법이다.

나머지 경우는 아무런 대안 없이 아이가 어른들처럼 얌전히 있기만을 바라는 경우이다. 이 경우엔 스마트폰을 주지 않은 점은 바람직하지만, 아무런 대안이 없기 때문에 끊임없이 아이를 붙잡고 잔소리하며 서로 지쳐간다는 점이 문제이다.

이 중 가장 바람직한 경우는 당연히 첫 번째 방법이다. 모처럼의 즐거운 외식, 여러분은 어떤 방법을 사용하고 있는가? 요즘은 안타깝게도 스마트폰을 쥐 버리는 경우가 가장 많다. 얌전하게 앉아 있는 조건으로 스마트폰을 사용할 권리를 얻는 협상 방법에 이미 적응된 아이는 더 이상 다른 것을 원하지 않는다. 비슷한 상황에서 이미 부모의 협상 카드가 무엇인지 알아차린 아이는 그 상황이면 늘 자신이 이기는 협상을 하게 된다는 의미이다.

이런 협상은 도대체 누가 먼저 시작했을까? 아이가 스마트폰이란 걸 알게 된 일, 어른들이 쓰는 물건이 아니라 자신이 사용해도 된다고 알게 된 일, 엄마 아빠가 자신만의 시간을 가지려 할 때 자신에게 내어 준다는 걸 알게 된 일, 이제 언제라도 떼를 쓰면 결국 아이는 자신이 원하는 대로 스마트폰을 마음껏 쓸 수 있다는 사실을 알게 된 일, 모두 누가 먼저 시작했을까? 당연히 부모다.

어떤 엄마는 아빠가 손쉽게 아이들에게 스마트폰을 주는 것을 못마땅해한다. 하루 종일 아이들과 씨름하면서 스마트폰 사용을 억제하려 노력했던 엄마의 노력은 아빠가 돌아오는 순간 물거품이 된다. 아빠가 퇴근해서 오자마자 자신의 스마트폰을 꺼내 아이들 손에 쥐어 준다. 스마트폰의 나쁜 점을 아무리 말해도 남편이 달라지지가 않는다고 하소연한다. 그 아빠, 아무래도 아이들에게 시달리지 않기 위한 협상 카드로 스마트폰을 사용한 것 같다. 아이들이 퇴근하는 아빠에게 달려가는 이유가 아빠를 반기는 게 아니라 스마트폰 때문이라는 것은 참 씁쓸한 일이다. 어쨌든 자기를 성가시게 하지 않는 협상 조건으로 아빠는 스마트폰을 내걸었다. 이 협상 또한 누가 먼저 시작한 걸까?

무엇으로든, 어떤 방식으로든 협상은 부모가 먼저 시작했다. 익숙하게 사용하면서도 협상이라는 용어를 사용하지 않았을 뿐이다. 바람직하지 못한 협상 방법에 길들여지기 전에 제대로 된 협상을 가르쳐 보면 어떨까? 나와 상대가 함께 성장하는 방법으로 현명하고 지혜로운 협상을 배우게 되면 좋겠다. 말이 통하기 시작하는 세 살 정도면 아이와의 성숙한 협상을 시작해야 하는지 생각해 볼 때다. 왜 아이가 세 살 정도면 협상을 배워야 하는지 살펴보자.

: 세 살, 부모와 아이가 협상을 시작해야 하는 나이 :

세 살이면 이제 아이는 자신의 의사를 표현하기 시작한다. 발달단계로 볼 때 뭐든 자기 스스로 만지고 마음대로 하려는 시도가 늘어난다. 그래서 엄마 아빠와 충돌하기 시작한다. 시키는 건 하지 않고 "싫어! 내가 할 거야!"라는 말로 부모의 자존심을 건드린다. 아이의 발달에 대해 잘 이해하지 못하는 엄마 아빠는 아이가 너무 버릇이 없다고 걱정하며 엄격한 훈육으로 아이를 가르치려 한다. 또는 지나친 허용으로 이랬다저랬다 하는 아이에게 끌려 다니며 아이를 원망하기도 한다. 이렇게 자기주장이 강해지는 행동은 부모가 아이와 현명한 방법으로 협상을 시작해야 하는 나이가 되었다는 의미이기도 하다.

이 시기에 협상이 시작되어야 하는 중요한 또 한 가지 이유는 아이들은 부모가 자신의 요구를 잘 들어 주어야 자신을 사랑한다고 확신하는 경향이 있기 때문이다. 그렇다고 무조건 다 들어 주는 것이 진정한 사랑은 아니라는 걸 부모는 잘 알고 있다. 가능한 것은 허용하겠지만 안 되는 건 안 된다고 말하는 게 사랑이다. 하지만 그 과정에서 아이가 부모의 뜻을 이해하지 못하고 상처받게 되면 안 된다. 그러니 지혜로운 방법으로 아이와 협상을 해야 한다는 것이다. 엄마 아빠가 원하는 것과 아이가 원하는 것을 서로 말하고, 엄마 아빠가 허용할 수 있는 것과 절대 허용할 수 없는 것의 한계를 아이에게 설명해야 한다. 이를 통해, 아이의 마음이 움직여 기분 좋게 수용하고 인정할 수 있도록 기다려 주는 과정이 필요하다는 의미이다.

두 살까진 부모가 아이의 요구를 대부분 다 들어 준다. 세 살 무렵부터 부모의 금지를 경험한 아이들은 점차 나름 전략적인 협상 방법을 사용하기 시작한다. 엄마가 바라는 게 무엇인지 잘 알고 있기 때문에 "야채 먹을 테니 텔레비전 보게 해 주세요.", "목욕하면 책 열 권 읽어 주세요."라는 식으로 조건을 내건 협상을 시작한다. 이 전략이 잘 안 되면 "몰라, 안 해. 나 밥 안 먹을 거야."라며 협박하기도 한다. 자기 주도적으로 상대를 통제하려는 욕구가 발달하면서 생겨나는 현상이다. 이런 아이에게 마음을 읽어 주어도, 엄마 마음을 전달해도 제대로 대화가 이루어지지 않는 경우가 더 많다. 바로 이 점이 세 살부터 부모가 제대로 된 협상을 가르치고 실천해야 하는 이유가 된다.

 '미운 네 살, ○○○ 싶은 일곱 살' 솔직히 이런 말 안 해 본 부모가 있을까? 이런 말을 해 놓고 잠든 아이를 보며 또 후회하는 게 부모다. 너무나 사랑하는, 너무나 소중한 우리 아이에게 왜 이렇게 힘한 말을 갖다 붙여야 하는가? 정말 이런 말 안하고 아이를 잘 키우고 싶지 않은가? 아이가 부모 마음대로 되지 않아 힘든 마음은 충분히 안다. 이런 기분 느껴 보지 않은 부모는 없을 것이다. 하지만 이런 말을 입 밖에 낼 정도라면, 그 힘든 정도가 엄청날 거라는 생각이 든다. 아이를 키우면서 이런 생각 하지 않고 살고 싶다면, 부모는 꼭 아이와 협상하는 방법을 배워야 한다. "속상하구나."라고 아무리 마음을 읽어 주어도 전혀 아이가 변화하지 않는다면, 떼쓰고 말 안 듣는 아이를 어떻게 달래야 할지 막막하기만 하다면 다시 한 번만 더 힘을 내서 시작해 보기 바란다.

 아이의 잘못된 행동은 끊임없이 엄마 아빠를 불안하게 하고, 걱정하게 만든다. 아무리 걱정해 봤자 별 뾰족한 방법이 없었다면 이제 아이와 제대로 된 협상 한번 시작해 보자. 협상이란 계산적인 것이 아니다. 서로가 원하는 것이 무엇인지 서로의 마음을 잘 이해하고 서로에게 만족스러운 결과를 얻기 위한 성숙한 대화이다. 상대가 아이이지만 아이를 존중하고, 아끼고 아이도 현명한 선택을 할 수 있는 사람이라는 것을 믿어야 진정한 협상이 이루어진다. 아이를 더 잘 키우기 위해, 아이가 스스로 자신의 삶을 독립적이고 성숙하게 살아가게 하기 위해 꼭 필요한 것이 바로 아이와의 협상이다.

아이와 부모의
윈-윈(win-win) 협상 대화법

: **부모 자식 간의 협상이 특별한 이유** :

    협상에서 중요한 요소는 '이익과 관계'이다. 이 두 가지가 협상의 목표가 된다는 말이다. 원래 협상은 '설득을 통해 내가 원하는 것을 상대로부터 얻어 내는 것'을 말한다. 그런데 여기서 중요한 점은 일반적으로 협상을 하다 보면 이익과 관계, 이 둘이 보통 반비례하는 경우가 많다는 점이다. 어느 쪽이든 자신의 이익을 더 챙기면 나머지 한쪽은 서운하거나 억울해질 수밖에 없으니 이익을 취하면서 관계도 좋게 하기란 여간 어려운 문제가 아니다. 아마 가족 간의 협상, 부모 자식 간의 협상이 껄끄럽게 느껴지는 이유 중의 하나도 바로 이런 점 때문일 것이다. 그런데, 중요한 걸 한 가지 빠뜨렸다. 가족 간에, 부모 자식 간에 서로 이익을 위하는 일은 관계를 해치는 일이 아니라는 점이다.

 "공부해!"

 "싫어요. 게임할래요."

이렇게 맞서는 부모와 자식의 대화를 일차원적으로 본다면 정말 서로가 원하는 게 대립하고 있는 것으로 보인다. 그런데 이 순간 단순히 요구하는 것에 초점을 맞추지 않고 겉으로 드러나지 않은 아이의 욕구를 읽을 수 있다면 이야기는 전혀 달라진다. 제발 게임하게 해 달라고 매달리고 애원하는 아이의 현재 요구는 게임이다. 그런데 왜 이렇게 게임을 하기를 원하는지 물어보면 이야기는 좀 다른 차원이 된다. '재미있어서, 친구가 기다려서, 레벨을 올려야 해서, 스트레스가 풀려서, 현실에선 게임만큼 잘하는 게 없어서.' 이런 말속에 숨어 있는 아이의 심리적 욕구는 어떤 것일까? 자신도 뭔가를 잘하고 싶고, 스트레스를 풀고 심리적 안정을 얻고 싶고, 그래서 공부도 좀 더 잘하고 친구도 잘 사귀는 건강한 아이로 성장하고 싶다는 내면의 욕구를 읽을 수 있다. 아이의 이런 내면의 욕구는 늘 부모가 자식에게 바라는 것과 일치한다. 물론 서로에 대한 이해가 부족한 경우엔 표면적 요구에 머무르는 일반적 협상의 차원에 머물 수도 있다.

부모 자식 간의 협상이란 서로의 진짜 마음을 이해하고, 그 속마음을 진솔하게 표현하면서 서로의 발전을 위해 함께 협력하고, 더욱 돈독하고 깊은 애정을 나누는 관계로 발전하는 것을 의미한다. 부모와 아이가 한쪽의 이익만을 추구하는 것이 아니라 부모의 욕구도 아이의 욕구도 모두 충족하는 협상, 서로 발전하고 성장하는 방법을 합리적으로 선택하는 과정, 그 과정에서 서로에 대한 이해와 신뢰와 사랑이 성숙해 가는 협상이라는 점을 기억하기 바란다.

: 협상을 시작하면 마음에서 일어나는 현상 :

유아 "책 한 권 다 읽으면 아이스크림 주세요."
초등학생 "수학 백 점 받으면 핸드폰 바꿔 주세요."
중학생 "이번에 시험 잘 봤으니 게임 하루에 두 시간으로 늘려 주세요."

유아의 협상은 참 귀엽고 애교스럽다. 이제 막 깨친 한글을 한 글자씩 더듬더듬 읽는 모습이 너무 예뻐 아이스크림을 주는 엄마의 기분도 좋다. 그런데 초등학생이 되어 시험 백 점 받았다며 요구하는 아이의 태도는 점점 부모의 마음을 불편하게 만든다. 시간이 갈수록, 아이가 커갈수록 아이가 내미는 협상카드는 무게가 더해진다. 부모가 원하는 공부만 제대로 하면 많은 것을 얻을 수 있다는 것을 체득한 아이들은 그 요구가 점점 교묘해지기도 한다. 중학생이 되어 부모에게 아이의 성적이 더욱 중요해지면 아이의 요구는 점점 더 노골적으로 변해간다. 부모도 헷갈리기 시작한다. 아이가 책임감 있고 성실하게 자신의 공부를 잘하고 있으니 게임 정도는 자유롭게 허용해도 될 것 같은 생각이 든다.

위 세 가지 경우를 조금만 객관적인 시각으로 살펴보자. 부모가 현명하고 성숙한 태도로 아이를 양육한다고 느껴지는가? '책을 혼자 읽는 유아, 수학 백 점 받는 초등학생, 성적을 올린 중학생.' 누가 봐도 칭찬받을 만한 아이들이다. 하지만 아이들의 작은 성취에 현혹되어 부모가 부모 역할을 놓치고 있는 건 아닐까? 이러한 아이들에게 부모가 딱히 어떤 역할을 해야 할지 잘 떠오르지 않는다. 그런데 이 상황에서 '아이와 협상해야 할 때'라는 생각을 한번 해 보자. '협상'이라는 단어를 사용하는 순간 우리 마음에서 일련의 현상이 일어난다.

'책 읽는 것과 아이스크림이 무슨 상관이지?'

'수학 백 점 받으면 자신한테 좋은 건데 왜 부모가 돈 들여서 핸드폰을 바꿔 줘야 하지?'

'시험 잘 봤다고 게임 시간 늘리는 게 타당한 일일까?'

이런 협상거리를 생각하면서 마음을 잘 들여다보자.

/ 혹시 아이와의 일정한 심리적 거리가 느껴지는가?
/ 그 거리를 어떻게 유지하며 아이를 성장시켜야 할지 고민이 되기 시작하는가?
/ 감정에 휘둘리지 않고 차분하게 아이와 대화할 수 있을 것 같은 생각이 들지 않는가?
/ 아이의 작은 성취에 눈이 멀어 아이에게 잘못된 걸 허용하고 있는 자신이 보이지 않는가?
/ 아이가 내놓은 협상 조건이 타당하지 않다는 것을 느끼고 있는가?
/ 협상 조건에 대해 이성적이고 지혜롭게 잘 대처할 심리적 여유가 생기지 않는가?
/ 옳고 그름을 분간하고 거절할 수 있는 지혜로움이 생겨나지 않는가?

협상이라는 단어는 우리로 하여금 생각하게 만드는 힘을 갖고 있다. 아이의 성장을 위해 부모인 우리가 지금 무엇을 해야 할지, 어떻게 하는 것이 현명하고 지혜로운 일인지를 생각하게 한다. 부모가 나이가 들고 자식이 결혼을 하여 아이를 키우는 시기가 된 경우에도 자식과의 좋은 관계를 유지하는 이들은 대부분 자식과 올바른 협상을 할 줄 아는 부모이다. 손자를 돌보는 일, 집안일을 도와주는 일에서부터 서로의 이익과 관계를 위해 협상하니 부모 자식 간 원망할 일이 없어지고 관계의 만족도도 높아진다. 아이가 커갈수록 자녀와 협상할 줄 아는 부모가 더 행복한 삶을 사는 이유가 바로 여기에 있는 것이다.

: 아이와의 성공적인 협상을 위해 :

'아이를 제대로 사랑하려면 옆집 아이 대하듯 하라.'는 말이 있다. 내 아이를 너무 사랑하다 보니 객관적으로 보지 못하기 때문에 생겨난 말일 것이다. 때로는 '덜 사랑하는 게 어쩌면 진짜 사랑하는 게 아닐까.'라는 생각을 종종 하게 된다. 조금 덜 간섭하고, 조금 모른 척 지나가고 적당한 한계를 정해 아이의 세계를 침범하지 않는 것이 참 어렵다. 사랑하는 마음 따로, 혼내는 방법 따로, 잘 키우려는 마음 따로, 가르치는 방법 따로, 이러다 보니 정작 아이와 문제가 발생하는 그 순간에 평소 자신과는 전혀 다른 모습으로 아이와 실랑이를 하거나 화를 내며 소리를 지르기도 한다. 만약 이런 모습의 자신을 발견하거나 아이와 갈등이 생길 때 어떻게 해야 할지 모르겠다면, 이제 아이에게 부모의 마음을 빨리 이해시키고 바른 길로 인도하겠다는 식의 급박한 마음에서 조금 뒤로 물러나서 협상에 대해 생각을 해 보면 좋겠다.

놀이터에서 아이들이 다투고 있다. 다툼이 큰 싸움으로 번질 기세가 되면 주변에 있던 어른이 개입을 하게 된다. 이때 현명한 어른이라면 두 아이를 어떻게 협상하게 해야 하는지 잘 안다.

> 어른 "둘이 왜 싸우니?"
> 아이1 "내가 그네 타는데 쟤가 자꾸 비키래요."
> 아이2 "계속 혼자만 타고 있잖아요."
> 어른 "친구가 그네를 너무 오래 타서 화가 났구나."
> 아이1 "나도 오래 기다렸단 말이에요."
> 어른 "너도 오래 기다렸다가 타는 거구나. 그런데 얘도 기다리기 힘든가 봐. 어떡하면 좋지?"
> 아이2 "그럼 조금만 더 타라고 해요."
> 어른 "조금만이 얼마정도인지 정하면 좋겠다."
> 아이1 "나 그럼 아까 탔으니까 5분만 더 탈게. 넌 10분 타."
> 아이2 "좋아."

이렇게 이웃 아이들이 싸울 땐 분명 현명한 어른이었다. 그런데 만일 이 상황이 형제간의 상황이라면 엄마가 이렇게 협상 대화를 이끌 수 있을까? 엄마는 어느새 형과 동생의 행동을 판단하고 누가 잘

했는지 잘못했는지 따지고 든다. 형이라면 양보해야 하고, 동생이면 형의 말을 잘 들어야 한다는 '장유유서'의 정신까지 가르치느라 정신이 없다. 결국 두 아이 모두 불만이 가득한 얼굴로 서로 원망하며 고개를 숙인 채 싸움은 끝나고 만다.

 아이와의 성공적인 협상을 위해 한발 뒤로 물러서서 각각의 상황을 바라보면 좋겠다. 그래서 아이들이 원하는 게 무엇인지, 왜 속상해하는지 살펴보고 이야기를 시작하면 대부분 성공적이다. '협상이 필요할 때'라고 느낀 그 순간만 말을 잠시 멈추고 생각해 보자. 그럼 분명 아이들과의 성공적인 협상이 시작될 것이다.

부모가 잘못 가르쳐 준
협상 대화법

: 지금 뭐하고 계신가요? :

"너, 숙제 다 할 때까지 방 안에서 나올 생각 하지 마!"

지금 엄마는 뭘 하고 있는 걸까? 숙제를 시키기 위해 아이에게 하는 말이 아이로 하여금 숙제를 하도록 하는가?

"시험 성적 엉망이면 알지? 앞으로 게임 못 할 줄 알아."

지금 엄마는 뭘 하고 있는 걸까? 좋은 성적을 받게 하기 위해 사용하는 기술이 효과적으로 작동할 것 같은가?

"영철이는 이번에도 수학 백 점이래. 착하긴 얼마나 또 착한지. 용돈 모아서 엄마 생일 선물도 사 줬대."

지금 엄마는 뭘 하고 있는 걸까? 똑똑하고 착한 아이로 자라게 하고 싶은 마음은 알겠지만 이 말이 아이에게 그런 효과를 가져 오게 하는가?

"숙제는 하고 텔레비전 보는 거니?"

아빠가 퇴근하자마자 아이에게 거는 말이다. 이 말속엔 '숙제 안 했지?'라는 의미가 포함되어 있다. 아이는 아빠에 대해 어떤 느낌과 생각을 갖게 될까?

"저리 가. 조용히 해. 아빠 좀 쉬자."

피곤한 아빠는 정말 쉬고 싶다. 하지만 반갑다고 달려오는 아이에게 아빠가 하는 말은 전혀 다른 의미이다. 아빠의 말은 아이로 하여금 아빠가 잘 쉬게끔 도와주고 싶은 마음이 들게 하는가? 하루 종일 힘들게 일한 아빠의 노고에 대해 감사함이 느껴지는가?

위의 말들은 부모가 흔히 아이들과 자주 나누는 대화들이다. 부모의 말 한마디 한마디는 모두 아이를 잘 키우기 위한 말이다. 하지만 그 말이 부모가 바라는 결과를 가져오는 것이 아니라 오히려 부작용을 유발한다는 사실을 아는가? 당장엔 아이가 부모의 말을 듣는 것 같지만 결코 아이는 부모의 말에 대해 공감하고 수용하지 않는다. 속으론 불만과 원망이 자라고 있을지도 모른다. 무심코 던진 부모의 한마디가 부모와 아이의 관계를 어떻게 만들고 있는가? 서로의 의견 충돌과 갈등만을 만들고 있지 않은가?

: 잘못된 대화의 부작용 :

　7살 아이의 엄마가 큰일이 난 듯한 표정으로 질문한다. 자신은 TV 방송의 양육 프로그램에서 가르쳐 준 대로 열심히 따라했는데 왜 아이가 더 이상해지냐고 하소연한다. 그녀는 TV에서 아이의 문제 행동을 훈육하는 장면을 인상 깊게 보았단다. 아이의 두 팔을 움켜잡고, 어떤 때는 발버둥치는 아이를 온몸으로 제압하고 엄격하게 훈육하는 장면이었다. 그런 다음 아이가 좋게 변해 가는 과정을 보며, 자신의 아이에게도 그 훈육 방법을 열심히 따라했다고 말했다. 그런데 결과는 달랐다. 아이의 문제 행동이 고쳐지지가 않고 오히려 더 심해졌단다. 예전엔 안 하던 행동인 머리를 벽에 박는 자해 행동도 나타나고, 혼자 있다가도 갑자기 책상을 쾅 치며 소리를 질러대는 폭발 행동까지 한다며 고민을 털어 놓았다. 왜 방송과는 전혀 다른 결과를 가져왔을까?

　그녀가 실패한 이유가 있다. 그녀는 방송의 처음부터 이어지는 과정은 눈여겨보지 않고, 전문가가 단호한 태도로 아이를 훈육하는 데 성공하는 장면만 인상 깊게 본 것이다. 문제 행동의 전후 맥락은 물론, 훈육하기 전 어떤 과정을 거쳤는지 살펴보지도 않았다. 그야말로 앞뒤 뚝 잘라먹고, 그 장면만 아주 여러 번 써먹었다고 한다. 사람이 원래 보고 싶은 것만 보고, 듣고 싶은 것만 듣지만 이건 좀 심하다 싶은 생각이 든다. 강력한 훈육은 서로간의 공감과 신뢰가 웬만큼 형성되었을 때 효과적이다. 그래서 방송에서도 훈육의 초기 단계가 아니라 중반이 지난 후에야 엄격한 훈육 방법이 사용된다. 소설로 치면 절정의 단계에서 그 방법을 사용한다는 의미이다. 그런데 그녀는 그런 것을 다 무시하고 사용했으니 아이 입장에선 엄청난 거부와 억압으로 받아들였을 것이다.

　문제 행동을 수정하는 일은 그리 간단하지가 않다. 자동차를 수리하는 과정을 생각해 보자. 엔진 속의 부품을 갈아야 할 경우 차근차근 바깥쪽부터 부품을 떼어 낸다. 그래서 고장 난 부분의 부품을 갈고, 다시 거꾸로 순서에 맞게 부품을 꼼꼼히 장착한다. 그런 과정을 거쳐야 자동차가 제대로 작동하기 시작한다. 작은 나사 하나만 빠뜨려도 그 과정은 모두 수포로 돌아간다. 그만큼 한 단계 한 단계가 모두 기술이고 전문적인 일이기 때문이다. 기계를 다루는 일에도 이렇게 절차와 맥락이 중요한데, 하물며 사람 마음을 움직이는 일에서 그렇게 앞뒤를 뚝 자르면 절대 안 되지 않을까? 그녀는 자신이 하고 싶은 것만 골라 앞뒤 순서 없이 마음대로 써먹고서는 제대로 되지 않는다고 프로그램과 전문가도 순 엉터리 돌팔이라며 원망한다. 흥분한 그녀를 안정시키고 어떻게 하면 그녀가 좀 더 잘 이해할 수 있을지 고민했다. 말로만 설명하는 것보다 아이의 마음이 어떨지 직접 체험해 보게 하는 것이 좋겠다는 생각이 들었다. 그리고 바로 그 자리에서 직접 역할 연습을 시켜 주었다.

"어머니, 그렇게 하시면 절대 안 되죠. 그건 제대로 따라한 게 아니에요. 왜 그렇게 정확하게 보지 못하세요? 제가 늘 제대로 관찰하라고 했잖아요. 지금 어머니는 자신이 보고 싶은 것만 본 거예요."

이렇게 말하니 그녀의 표정이 굳어진다. 그녀에게 다시 말을 걸었다.

"제가 이렇게 말씀드리니 아주 많이 당황스러우시죠? 다시는 저를 만나고 싶지 않다는 생각도 드실 것 같아요. 어떠세요?"

"아! 일부러 그러신 거군요. 깜짝 놀랐어요. 제가 잘못한 건 알지만 그래도 그렇게 말씀하시니 정말 가슴이 서늘해지네요. 우리 아이도 이런 마음이 들었겠네요."

다시 그녀에게 질문했다. 자신이 한 방법이 TV 프로그램과 어떤 부분이 달랐는지, 그리고 공감 없는 훈육이라는 협상 방식이 아이에게 어떤 영향을 끼치는지. 그녀는 열심히 노력했는데 왜 더 큰 문제가 생겼을지 생각해 보기를 권했다. 그녀는 차근차근 말하기 시작했다.

"전 한 번도 아이의 의견을 물어보지 않았어요. 그냥 제가 알아서 하면 되는 줄 알았거든요. 아이와 의논하고 함께 결정해야 한다는 것을 몰랐어요."

말로만 설명하면 피부에 잘 와 닿지 않을 것 같아 역할 연습을 했다는 말로 다시 양해를 구했다. 그리고 그녀에게 마음속에 '협상'이라는 단어를 새겨 두기를 권했다. 조금은 낯설고 어색하겠지만, 아마 기대치 않은 행복한 변화를 가져다 줄 것이라는 말도 해 주었다.

잘못된 대화와 양육 방식은 때로는 심각한 부작용을 낳는다. 아이가 거칠어지고, 폭력적으로 변하고 때로는 자해 행동을 하기도 한다. 사람을 기피하고 불편해하거나, 늘 의심하고 불안해하기도 한다. 사랑하는 우리 아이가 이런 모습으로 자라길 바라는 부모는 아무도 없을 것이다. 이제 성숙하고 지혜로운 양육 방식으로 협상을 활용해 보자. 협상이 꽤 매력적인 부모 대화법이라는 사실을 알게 될 것이다.

PART 02

아이의 행동을 변화시키는 협상 대화법

/

지혜로운 부모는 잔소리 대신 협상을 한다

협상을 잘하는
부모의 대화법

: 사소하지만 중요한 협상 대화 :

아들 혁진이가 4학년이 되었다. 4학년은 그동안 엄마가 끌어온 학습이 진짜 아이의 실력이 되거나 아니면 계속 억지로 시켜야 하는 공부인지가 결정되는 중요한 갈림길이라는 말을 들었다. 공부의 수준도 꽤 높아져 제대로 공부하지 않으면 좋은 성적을 유지하기 어렵다는 말도 들었다. 그래서 이젠 아이가 스스로 공부하는 습관을 기를 수 있도록 도와주고 싶었다. 다행히 혁진이는 학교와 학원 숙제는 시키는 대로 잘해가는 아이이다. 하지만 그 정도가 전부였다. 이제 고학년이 되었고 뭔가 자기 주도적으로 해야 한다는 사실을 깨달게 하고 싶었다. 엄마는 아이가 숙제 말고 순수하게 하루 최소한 한 시간은 스스로 공부하기를 바란다. 엄마는 아이와 마치 협상 테이블에 앉듯이 반듯하게 앉아 대화를 시작한다.

"숙제 빼고 하루에 한 시간 더 공부해야 해. 그럼 한 시간 놀 수 있어."

그날 혁진이 엄마는 전혀 예기치 못한 상황에 당황했다. 착하고 순했던 혁진이가 갑자기 눈을 부라리며 엄마에게 대들 듯 말했다.

"숙제가 얼마나 많은지 알아요? 엄마는 내가 얼마나 힘든지 하나도 모르잖아요. 학교 숙제도 학원 숙제도 너무 많고, 못 해가면 남아서 해야 되고, 그럼 얼마나 창피한데. 차라리 학교고 학원이고 아무데도 안 다녔으면 좋겠어. 어떻게 나보고 뭘 더하라고 말할 수 있어요? 엄마는 아침, 저녁밥만 하는 것도 힘들어 죽겠다고 하면서, 누가 엄마보고 집안일 더 하라고 하면 할 수 있겠냐고요!"

다음 날까지 혁진이는 엄마의 요구가 부당했음에 대한 시위를 하듯 밥도 먹는 둥 마는 둥하고 말도 하지 않고 지냈다. 아이를 잘 키워 보고자 고민하고 또 고민해서 내린 결정이고 당연히 아이가 따라와 줄 거라 생각했던 혁진이 엄마는 예기치 못한 아이의 저항에 더 이상 말 한마디 꺼내지 못했다. 자신이 아이의 마음을 헤아리지 못한 나쁜 엄마가 되어버린 것 같아 속만 상했다. 그렇다고 처음 생각한 아이의 공부 시간을 포기하고 싶은 마음도 들지 않는다. 공부에 대한 미련은 남아 있고, 아이는 엄마를 원망만 하고 있다.

혁진이 엄마가 아이와의 협상에 실패한 이유는 간단하다. 아이가 아무런 마음의 준비가 되어 있지 않았기 때문이다. 불쑥 하루에 공부를 한 시간씩 더 해야 한다는데 어떤 아이가 순순히 "네. 알겠습니다."라고 대답할 수 있을까? 혁진이 입장에서 생각해 보자. 혁진이에게 한 시간은 어떤 느낌으로 다가올까? 자신의 뜻은 물어보지도 않고 무조건 명령하듯 강요하는 엄마에게 원망감과 반항심도 생길 것 같다. 현재도 학교와 학원 숙제하느라 힘들어 죽겠는데, 그런 마음은 알아주지도 않고 명령하니 화만 난다. 지금까지 엄마에게 대들 줄 몰랐던 혁진이는 억울함이 북받쳐 자신도 모르게 소리를 지르며 말한 것이다.

혁진이와 똑같은 상황을 경험한 친구 진혁이가 있다. 아이가 4학년이 되자 엄마들의 불안 수준도 함께 올라가서 비슷한 생각을 하게 되나 보다. 마치 약속이라도 한 듯 진혁이 엄마도 진혁이에게 똑같이 말했다.

"숙제 **빼고** 하루에 한 시간 더 공부해야 해. 그럼 한 시간 놀 수 있어."

진혁이는 혁진이보다 더 순한 아이라 엄마 말에 대들지 못했다. 진혁이는 고개를 숙이고 속으로만 구시렁댄다. 지금껏 숙제만 하면 되는 줄 알았는데 무엇을 해야 한다는 건지 막막하고 짜증스럽다.

진혁이는 엄마의 뜻을 거스를 수 없으니 시키는 대로 책상에 앉아 공부를 시작한다. 하지만 억지로 공부하는 그 시간이 너무 지루하기만 하고 공부하는 내용은 머릿속에 전혀 들어오지 않는다.

아이를 더 많이 공부 시키고 싶은 엄마들은 아이와 협상할 생각은 하지 못하고 아이가 선뜻 따라와 주기를 바라며 '지시하기, 명령하기, 조건 내걸기, 협박하기'와 같은 방법을 사용한다. 남의 상황으로 보면 이 대화가 실패할 거라는 걸 모르는 사람은 없다. 하지만 정작 자신의 아이와 마주 앉은 대부분의 엄마는 이렇게 대화를 한다. 객관적으로 보면 실패하는 대화인 줄 알지만 정작 당사자는 잘 모른다는 말이다.

: 새로운 방법을 시도하는 준호 아빠 :

준호 아빠는 아이의 교육에 관심이 많다. 아들이 4학년이다. 지금까진 아이 엄마가 아이의 공부를 관리해왔다. 이제 고학년이니 아빠가 좀 더 체계적으로 도와주면 좋을 것 같다는 생각을 한다. 준호 아빠는 학원에만 의존하는 교육 방식이 마음에 들지 않았다. 사회의 선배들이 아이의 학습에 어떻게 관여했는지 틈만 나면 정보를 얻었다. 그러나 이상하게 성공적인 사례가 별로 없다. 친분이 있는 직장

상사는 개인적인 술자리에서 자식 걱정을 한 보따리 풀어 놓았다. 아이 엄마가 아이가 어릴 때부터 공부하라고 심하게 윽박질러 중학생이 되고선 반항이 너무 심하단다. 애가 하도 난폭하게 굴어 말 한마디 건네기가 무섭다며 탄식한다. 심지어 자신이 왜 사는지 모르겠다며 허탈해한다. 준호 아빠는 이런 말을 들으며 자신은 절대 저런 실패를 하지 않겠다고 다짐했다. 직장 생활하면서 주변에서 섣부른 공부 욕심으로 아이의 공부를 오히려 망치는 경우를 너무 많이 봐 왔다. 그렇게 권위 있고 능력 있는 직장 상사들이 아이의 교육 이야기만 나오면 공연히 꽁무니를 빼는 듯한 느낌을 종종 받았다. 다 자식 잘 키우자고 하는 고생인데 순간의 욕심에 치우쳐 아이를 망치는 일은 하고 싶지 않았다. 그래서 고민했다. 어떻게 하면 아이가 적당한 때에 바람직한 행동을 하도록 이끌어 줄 수 있을지. 양육서에서 답을 찾기는 어려웠다. 아이와 함께 하는 시간이 절대적으로 부족한 아빠가 그런 양육 방법을 따라 하기는 쉽지 않았다. 자신은 늘 시간이 부족하고 잘 놀아 주는 방법을 모르는 사람이니 자신만의 양육 방식을 개발해야겠다고 생각했다. 우선 준호 아빠는 자신이 아이에게 바라는 것이 무엇인지 곰곰이 생각했다.

공부 잘하기, 건강하기, 좋은 인성, 사교성, 도전과 모험심,
운동 잘하기, 악기 연주할 줄 알기

몇 가지 적다 보니 피식 웃음이 나온다. 자신이 꿈꾸는 자식의 모습이 완벽한 인간이었기 때문이다. 어떻게 이 모든 것을 다 이룰 수 있겠는가. 그래도 뭐 소망하는 거니 그대로 두고 생각을 이어갔다. 이런 모습으로 자라게 하려면 아이가 어떻게 해야 할지 써 보았다.

아빠 말을 잘 듣는다.

딱 한 가지를 적고 다시 읽으며 준호 아빠는 또 '아!' 하는 깨달음을 얻었다. 부모 말 잘 들으라는 말은 자신도 수없이 들으며 자란 말이고, 자신이 그토록 싫어했던 말이다. 그런데 아이가 저절로 공부 잘하고 좋은 인성도 갖추고, 그러면서도 씩씩하고 용감해지기는 어려울 것이다. 그러니 아빠의 경험과 노하우를 아이에게 전달하고 아이는 그걸 잘 듣고 따라하면 시행착오를 겪지 않고 성공적인 인생을 살 수 있을 것 같다. 그런데 이런 생각을 하다 보니 결국 원점이라는 생각이 들었다. 준호 아빠는 문장을 고쳐서 다시 썼다.

아빠 말을 잘 듣게 하려면 어떻게 해야 할까?

이 생각을 하자마자 무언가 머릿속에서 구름이 걷히고 여기저기서 반짝이는 햇살이 마구 쏟아지는 느낌이 들었다. 우선 고정관념을 버리자. 부모가 말하면 자식이 들어야 한다는 고정관념에서 벗어나지 않으면 아무것도 얻을 수 없겠다는 생각이 들었다. 그래서 준호 아빠는 자신이 경험한 것 중에서 가장 효과적인 방법들을 준호에게 적용해 보자는 생각을 했다. 오랫동안 직장생활을 하면서 얻은 경험과 지혜를 적용하면 아이에게 분명히 도움이 될 거라는 생각이 들었던 것이다. 직장 선배들의 실패를 들으며 나름 분석을 해 보니 그들은 대부분 자신들의 부모가 했던 말을 그대로 답습하고 있었음을 발견했다. 그래서 자신이 그들과 다르게 양육하기로 마음먹은 것에 대해 걱정보다는 왠지 자부심이 느껴졌다. 아무리 실패해도 그들보다 나을 거라는 생각도 들었다.

: 협상을 제대로 준비하고 시작하는 준호 아빠 :

'딱 한 가지만 시도해 보자. 욕심내지 말고 한 가지 주제에 집중해서 해 보자.'

아빠는 고학년이 된 준호가 공부를 조금 더 자발적으로 하도록 유도해야겠다는 생각이 들었다. 그리고 이 문제는 단순히 요구하거나 강요하는 게 아니라 서로 의논해서 합의점을 찾는 협상이라고 생각하니 의외로 좀 더 재미있게 느껴졌다. 준호 아빠는 프로젝트 제목을 적었다.

프로젝트: 준호가 한 시간 동안 스스로 공부하기

이 프로젝트가 성공하기 위해선 협력사와의 협상을 준비하듯 정성들여 과정을 준비해야겠다고 생각했다. 우선 이 주제에 대해 어떻게 말을 꺼내야 준호가 가장 거부감 없이 진지하게 고민을 시작할 수 있을지 방법을 생각했다. 준호에게 익숙한 일들 가운데 방법을 찾았다. 준호는 유치원 때부터 가끔 아빠에게 카드나 편지를 주었다. 아이의 서툰 솜씨와 마음이 소중하게 느껴져 잘 간직하고 있었다. 그 방법을 사용하기로 했다.

> 사랑하는 준호야.
>
> 어느새 네가 4학년이 되었네. 참 기특하고 든든하다. 네가 커 가는 모습이 아빠에게선 가장 큰 기쁨이야. 하지만 너에게선 성장한다는 것이 기쁘기만 한 일이 아닐 수도 있겠다는 생각이 들어. 해야 할 일이 많아지는 것이기도 하니까.
>
> 학교와 학원을 오가는 널 보면 안타깝기도 하다. 좀 더 뛰어놀아야 할 시간에 네가 너무 공부에만 시달리는 건 아닌가 하는 생각도 들어.

그래서 아빠가 한 가지 제안을 하려고 해. 아빠가 사회생활하면서 깨달은 중요한 사실이 한 가지 있어. 그건 무엇이든 스스로 하지 않으면 절대 자신의 것이 되지 못한다는 사실이지. 그래서 아빠는 네가 학원을 줄이고 스스로 공부하는 시간을 늘리면 어떨까 생각해. 너무 많이는 말고 딱 한 시간만.

어떻게 보면 별거 아닐 수 있지만 만약 이걸 네가 꾸준히 실행하기만 한다면 일년만 지나도 엄청난 변화가 생길 거야. 뭐라 확실하게 말할 순 없지만 좋은 일이 분명히 생기게 되지. 이건 아빠가 먼저 살아본 사람으로서 완전히 장담할 수 있어. 아빠의 제안, 어떻게 생각해?

천천히 생각해 보렴. 어떤 결론이든 네 의견을 가장 존중해 줄게. 예를 들어 어떤 학원을 줄일지, 언제 얼마만큼 공부할지에 관한 내용들 모두 네 의견에 따른다는 의미야. 혹시 엄마가 뭐라 할까 봐 걱정되니? 그건 걱정 하지 마. 아빠가 잘 도와줄 테니까.

그냥 말로 하면 잔소리로만 느껴질까 봐 편지로 쓴다. 예전에 네가 준 편지들, 아빠가 잘 간직하고 있어. 이 편지가 너에게도 간직하고 싶은 편지가 되길 바란다.

한 해 한 해 멋지게 성장해 가는 우리 준호를 너무너무 사랑한다.

아빠가.

위와 같은 편지를 쓰고, 노란 종이를 한 장 더 준비해서 따로 썼다.

<아빠와의 첫 번째 협상>

10살의 프로젝트: 스스로 한 시간 공부하기

편지를 본 준호가 호기심 어린 눈으로 아빠를 부른다.

- 준호 "아빠 이게 뭐예요?"
- 아빠 "아빠의 제안에 대해 어떻게 생각해?"
- 준호 "음, 저도 뭔가 4학년이 되었으니 달라져야 한다고 생각은 했지만 더 생각은 안 해 봤어요. 이거 어떻게 하는 거예요?"
- 아빠 "별로 어렵진 않아. 그냥 네가 하루에 한 시간만 뭘 공부할지 정해서 공부하는 거지. 순전히 네가 정해서 하는 거야. 무슨 과목을 어떤 방법으로 공부할지 모두 네 마음대로 정하는 거야."
- 준호 "그래도 돼요? 엄마는 매일 뭐 공부하라고 정해 주시는데."
- 아빠 "그건 엄마와도 이야기했어. 저학년 땐 네가 아직 어리니까 그렇게 했는데 이젠 조금씩 스스로 결정하는 법을 배울 때가 됐지."
- 준호 "진짜 내 마음대로 정해도 돼요? 그럼 좋아요. 뭐 학원을 한 개 줄이는 조건도 마음에 들고."
- 아빠 "아빠 제안이 마음에 들었구나! 기특하다. 우리 아들 중요한 게 뭔지 아는구나."

: 협상 잘하는 준호 아빠의 비법 :

준호 아빠는 준호와의 협상을 멋지게 성공했다. 준호 아빠가 활용한 협상의 비법이 무엇인지 살펴보자.

봉투 기법

"할 말이 있어."라 말하는 것과 '봉투'를 통해 전달받는 것과 느낌이 어떻게 다를까? 봉투에 담아 전달되는 서류는 뭔가 정식의 절차를 밟는 형식이기 때문에 자신이 존중받는 느낌을 받을 뿐만 아니라 더욱 진지하게 느껴진다. TV예능 프로그램에서 대부분의 미션은 봉투를 통해 전달된다. 그 봉투를 열고 내용을 확인하는 과정이 마치 하나의 절차가 되어 시청자들도 그 속의 내용을 궁금해하게 만든다. 어떤가? 아이와의 협상에서 이런 기법을 응용한다면 아이도 훨씬 더 기대하는 마음으로 협상에 임하게 된다. 한마디로 아이가 협상의 주제를 보았을 때 무조건 짜증을 내거나 싫다고 말하기 어렵게 만든다는 말이다. 게다가 준호 아빠는 편지와 협상 주제를 다른 종이에 구분해서 넣었다. 특히 아빠와의 첫 번째 협상이라는 말은 앞으로 계속 이런 형식의 협상이 있을 것임을 예견하게 하며, 아빠가 자신을 어린 아이가 아니라 동등한 존재로 존중한다는 것도 느끼게 한다. 또한, '10살의 프로젝트'라는 말은 마치 아빠가 자신을 잘 성장시켜 주기 위한 로드맵을 짜고 있다는 생각이 들지 않는가? 자신도 멋지게 뭐든 잘하고 싶지만 마음과 몸이 따로 논다는 걸 자주 느낀다. 그런데 아빠가 그런 자신을 도와주겠다는 신호를 이렇게 멋진 형식을 통해 전하니 아이는 전혀 거부하고 싶은 마음이 들지 않는다.

감성에 말을 걸다

준호 아빠는 아이가 커가고 있음에 감사하는 마음을 담아 편지를 썼다. 아이의 감정을 먼저 다독여 마음의 문을 열어 놓았기에 준호가 더 쉽게 협상을 받아들일 수 있게 된 것이다.

아빠의 편지는 아이들에게 무척 힘이 강하다. 아빠라는 존재가 이렇게 자신에게 깊이 사랑하는 마음을 전했으니 아이는 그것만으로도 기분이 좋다. 기분 좋은 상태에선 웬만하면 쉽게 상대의 요구를 들어 주게 된다.

당근 작전을 사용했다

학원을 줄인다는 매력적인 조건을 내걸었다. 공부에 대한 부담이 없는 아이는 없다. 늘 공부는 힘겹다. 그런데 아무리 감성에 호소한다 해도 아이에게도 뭔가 이득이 되는 것이 필요하다. 그래야 협상의 조건이 성립된다. 단순히 내가 원하는 것만을 상대에게 요구하는 것이 협상이 아니라는 말이다. 물론 학원을 줄이는 문제는 사교육에 대한 준호 아빠의 철학이 반영된 제안이었다. 단순히 사교육비 때문만은 아니었다. 사교육에 의존해서 공부한 아이들이 커서도 자기 조절력이 부족한 경우를 많이 봐왔기 때문이다. 학원에 가서 수학 강의 두 시간 듣고 있는 것보다 자신이 스스로 모르는 문제를 찾아 가면서 한 시간 푸는 게 더 효과적이라는 걸 잘 알고 있기 때문이었다. '조건 내걸기'라는 방법이 썩 좋은 방법이 아닌 것 같지만 사실, 그 조건이 아이의 성장에 도움이 되는 방향이라면 허용해도 좋다. 백 점 받으면 게임 시간을 허락해 준다는 조건과는 차원이 다르다. 너를 잘 키우기 위해 좋은 행동을 하면 나쁜 것도 허락해 준다는 의미와는 다른 것이다. 사교육에 의존하는 습관을 없애기 위한 조건이다.

준호 아빠가 사용한 방법들은 알고 보면 참 쉽다. 아이의 성장에 도움이 되고 아이도 수용할 만한 조건을 내걸고 요구하되, 봉투라는 형식을 사용해 아이가 존중받는 기분이 들도록 했다. 혁진이네와 준호네는 똑같은 상황이었지만 결과는 '하늘과 땅' 차이다. 4학년을 이렇게 시작한 준호가 앞으로 발전해 갈 모습이 기대된다. 기쁜 마음으로 그 변화를 지켜보는 행복은 이제 준호 아빠의 몫이다.

아이와 같은 편에서 협상하라

: 이기는 협상? 성공하는 협상? :

부모 자식 간의 협상에서 누군가 이기고 지는 결과가 있다면 어떨 것 같은가? 부모든 자식이든 자신이 졌다는 생각이 들면 그 협상 결과를 실행할 마음이 생길까? 당연히 그렇지 않을 것이다. 그럼 부모 자식 간의 협상은 어떤 결과가 되어야 할까? '졌지만 이긴 경기, 이겼지만 진 경기', 흔히 축구나 야구 같은 운동 경기에서 이런 말을 많이 듣는다. 승패가 확실하게 갈리는 운동 경기에선 '몇 대 몇'이라는 결과에 따라 이기고 지는 것이 결정된다. 그런데 해설가들은 꼭 이런 말로 그 경기를 재해석한다. 원래 출중한 실력을 가진 팀이 실력이 보잘것없는 초보 팀을 만나서 몇 점을 내어 주고서 겨우 1점차로 이겼다면 결과는 이긴 거지만 승리를 축하할 수만은 없는 노릇이다. 이런 경우 '이겼지만 진 경기'라고 말한다.

한편, 부모 자식 간의 협상에서 엄마 아빠의 결정대로 되었는데 아이는 입이 삐쭉 나와 있다면 과연 그것을 이긴 협상이라 말할 수 있을까? 이건 이겼다고 말할 수 없다. 반대의 경우도 마찬가지이다. 아이가 너무 우기니 이번엔 아이 마음대로 해 주고 좀 잠잠해지면 결국엔 부모 마음대로 조종하려고 마음먹고 있다면 어떤가? 이 또한 바람직한 협상이 절대 아니다. 한마디로 누군가 이기고 지는 게임으로 생각한다면 부모 자식 간의 협상은 절대 성공적인 협상이 될 수 없다.

그러니 가족 간의 협상, 부모 자식 간의 협상에선 절대 이기는 협상을 하려는 마음을 버리기 바란다. 우리 아이의 성장에 도움이 되는 협상, 부모의 뜻대로 되지 않아도 아이의 기특한 마음을 알게 되어 마음이 흐뭇해지는 것이 성공적인 협상이다.

: 아이와 인간적으로 협상하기 :

아이와 협상을 하려는 부모는 아이를 존중하는 부모이다. 그렇지 않으면 '협상'이라는 방법을 떠올리지 못한다. '어린애가 아는 게 뭐 있다고 그냥 부모가 시키는 대로 하면 되지.'라고 생각하는 사람은 아이와의 협상을 고려하지 않는다. 부모의 의견과 아이의 의견을 동등한 수준에 놓고 서로 의논하고 설득해서 합의점을 찾겠다고 생각한다는 것 자체가 이미 아이를 존중할 때나 가능한 일이다.

부모와 자식 간의 갈등이 점점 커지고 있다. 아이는 해야 할 일이 너무 많아 힘들어 하고, 부모는 무슨 수를 써서라도 열심히 하게끔 만들고 싶다. 이럴 때 활용할 수 있는 것이 협상이다. 아이를 부모의 뜻대로 조종하려 하는 비열한 협상이 아니라 아이를 도와주기 위해 같은 편에 서서 밀어 주고 끌어 주는 인간적인 협상이라는 점을 강조하고 싶다.

'사랑이란 둘이 서로를 바라보는 것이 아니라, 함께 같은 방향을 바라보는 것이다.'

'사랑'에 대한 생텍쥐페리(Saint Exupery)의 정의를 적용해 보자. 부모 자식 간 사랑이란 같은 편이 되어 서로 손잡고 함께 목표를 바라보며 앞으로 나아가는 것이다. 힘들 땐 옆에서 땀 닦아 주며 함께 쉬고, 포기하려 주저앉으면 살짝 잡아 당겨 자리에서 툭툭 털고 일어날 수 있게 이끌어 주는 게 협상이다. 사랑하는 엄마 아빠가 자신과 함께 길을 가며 든든하게 지켜 주는데 아이가 무엇이 두렵겠는가. 잠시 힘들면 엄마 아빠 품에서 쉬어가면 된다. 다행히 부모는 다리 아픈 아이를 잠시 업어 줄 정도의 여력은 있다.

협상은 애정과 신뢰를 주는 부모의 태도를 기반으로 한다. 아이를 거부하고 통제하는 태도가 아닌, 부모와 같은 편이라 느낄 때 아이는 부모가 자신을 사랑한다고 느낀다. 길에서 어떤 엄마가 아이를 나무란다. 혼내는 말이 이렇다.

> "엄마가 절대 그러지 말랬지. 응? 왜 또 그래? 도대체 왜 그러는 거야? 응?"

옆에서 지켜보던 어떤 아이가 말한다.

> "엄마. 저 아줌마는 자기 아이를 사랑하지 않나 봐."

옆에서 보면 부모가 같은 편인지 아닌지 너무 잘 보인다. 강압적이고 난폭한 양육은 부모의 사랑을 느끼기 어렵다. 같은 편이 아니라는 생각을 하게 된다.

: 적보다 못한 부모 :

　혹시 자신이 적보다 못한 부모라고 생각해 본 적 있는가? 아마 없을 것이다. 그런데 아이가 그렇게 느꼈다면 어떤 생각이 드는가? 어떤 아빠가 시간을 내어 아이 공부를 가르친다. 회사일도 힘든데 그렇게 마음을 써서 노력하니 분명 훌륭한 아빠다. 그런데 아이가 자기 뜻대로 따라오지 못하면 아빠는 갑자기 무지막지한 헐크가 되어 버린다. 수학문제를 가르치다 아이가 응용력이 부족하면 바로 소리를 지른다. "누굴 닮아서 그 모양이야!"부터 시작해서 "똑바로 정신 차리라고!" 그러고 나서 우리가 알고 있는 머리 나쁜 것에 관한 험한 욕들을 사랑하는 아이에게 쏟아부었다. 만약 학교에서 담임선생님이 아이에게 이런 말을 했다면 당장 달려가 언어폭력으로 고소하고 싶을 것이다. 그런데 자신이 하는 이런 말들은 모두 아이를 위한 말이라 생각하며 언어폭력이라는 사실을 깨닫지 못한다. 부모가 스스로 폭력에 대해 관대하면 안 된다. 그럴 땐 자신이 아이에게 적보다 못한 부모가 될 수밖에 없다.

　우리나라는 전통적으로 부모와 자식의 일체감이 높은 편이다. 아이의 인생이 곧 부모의 인생처럼 느껴진다. 그래서일까? 험한 말을 쏟아내면서도 별 죄책감을 느끼지 못하는 경우가 많다. 어쨌든 같은 편이면 절대 이런 말 안 한다. 최소한 적보다 못한 부모, 나쁜 부모가 아니길 바란다. 이제는 부모 자식 간 같은 편이 되어 아이와 협상해 보자. 부모와 아이의 인생을 더욱 아름답게 만들 테니 말이다.

: 같은 편이 되면 확실하게 달라진다 :

다시 4학년 준호의 이야기로 돌아가 보자. 준호는 아빠와 합의한 대로 방법도 스스로 결정해서 하루에 한 시간씩 공부하기로 했다. 아빠와 아이의 협상 과정을 보며 엄마는 한편으로는 불안했다. 아이가 성숙하게 자기 발전을 위한 생각을 했다는 점은 너무 기특하다. 하지만 학원을 줄이는 게 불안하다. 주변에선 4학년이 되었다고 좋은 학원을 찾아 하나씩 더 다니기 시작하는데 오히려 학원을 줄였으니 말이다. 게다가 공부를 아이의 마음대로 정해도 된다는 조건도 불안하다. 준호 엄마의 불안한 마음이 이해가 되는가?

협상 다음 날, 학교를 다녀온 준호는 아빠와 합의한 협상대로 혼자 자기 방에 앉아서 공부를 시작한다. 아이가 공부를 시작한지 30분이 되었다. 시작 전에 간식과 물은 모두 책상에 놓았다. 그런데 아이가 방문을 열고 나온다. 이럴 때 아이의 행동에 대해 엄마가 하는 말은 크게 두 가지이다.

"이제 겨우 30분 지났어. 또 일어나니? 한 시간 되려면 아직 멀었어."

"벌써 30분이나 지났어. 네가 마음먹은 대로 잘하는구나."

두 말 중 어떤 말이 아이로 하여금 앞으로도 스스로 공부할 수 있는 마음이 들게 할까? 공부는 동기가 있어야 한다는 사실은 누구나 잘 알고 있다. 그리고 동기는 대부분 아이의 흥미와 호기심에서 생겨난다. 그럼 흥미와 호기심은 어떻게 생길까? 공부 주제에 대한 흥미와 호기심도 중요하지만 더 중요한 것은 자기 자신에 대한 흥미와 호기심이다.

'아! 내가 결심하면 할 줄 아는 사람이구나. 힘든 걸 잘 참을 줄 아는 사람이구나.'

이런 점을 알아차린다면 아이는 자기 자신이 흥미롭다. 뭔가 발전 가능성이 있는 것 같고, 더 잘하고 싶은 마음이 든다. 이런 마음을 가진 아이는 자기 스스로 노력할 줄 알게 된다. 엄마의 어떤 말이 아이로 하여금 이런 마음이 들게 할까?

: 나무도 보고 숲도 보는 부모 :

아이는 나무만 볼 수 있다. 아직 숲을 볼 줄 모른다. 부모는 숲을 볼 수 있다. 그런 부모가 아이에게 왜 숲을 보지 못하느냐고 혼낸다. 말이 되는가? 아이가 숲을 못 보는 이유는 간단하다. 아직 어려서 나무밖에 볼 줄 모르기 때문이다. 숲을 보기 싫어서 보지 않는 게 아니다. 좋은 구경거리가 있을 때 키 작은 아이가 보지 못하면, 목말을 태워 혼자서는 보기 어려운 장면을 보여 주려 애쓰지 않는가? 키 작은 아이를 위해 목말은 태울 줄 알면서 정작 더 중요한 것을 보여 주기 위해서 '마음의 목말'을 태울 생각도 못 하는 게 부모이기도 하다. 학교와 학원만을 오가는 아이가 어떻게 넓은 세상을 볼 수 있겠는가? 실컷 뛰어놀고, 여행도 다니고 새로운 모험도 하면서 조금씩 세상을 보는 눈이 넓어진다.

  물론, 아이가 보는 나무 하나하나가 중요하지 않은 건 아니다. 험한 세상에서 아이가 잘 살아가길 바라는 마음이 너무 간절해서 아이가 보고 있는 나무는 중요하지 않다고 무시하는 부모도 있다. 그러면 안 된다. 아이는 친구와 함께 사 먹는 떡볶이가 소중하고, 오늘 함께 놀기로 한 친구와의 약속이 중요하다. 그런 것을 무시하면 안 된다. 토요일에 학원을 가는 것보다 친구 생일파티에 가는 게 아이에게 더 중요한 의미이다. 숙제하는 아이에게 "왜 이렇게 오래 걸려?"라며 핀잔을 주기보다 "힘든데 잘 참고 하는구나."라고 격려하는 한마디가 다음 날 숙제를 더 잘하도록 이끈다. 이런 나무들이 모여 숲을 이룬다는 사실을 잊지 않길 바란다.

좋은 질문이
좋은 협상을 이끈다

: 질문, 협상에서 가장 중요한 기술 :

Q   "왜 질문하는가?"

A   "궁금하니까."

Q   "왜 궁금한가?"

A   "관심 있어서."

그렇다. 우리는 궁금할 때 질문한다. 궁금한 이유는 관심이 있기 때문이고, 그 관심을 표현하는 가장 좋은 방법이 바로 질문이다. 누군가를 좋아하고 아껴서 선물을 주고 싶다면 무엇을 좋아하는지 물어야 한다. 그렇지 않고 내가 주고 싶은 것을 준다면 주는 자신은 기쁘겠지만 만약 원치 않은 선물이었다면 오히려 상대는 난감할 뿐이다. 그러니 관심이 있고 아낄수록 질문을 해야 한다. 질문을 하면 대부분의 경우 상대방에게 좋은 의미가 전해진다. 관심이 있다는 것을 전달할 뿐 아니라, 상대방의 입장이 어떤지 제대로 알고 잘 반영하겠다는 의지가 포함되어 있다. 질문을 받은 사람은 당연히 호의를 갖게 된다. 이때 질문은 물론 심문하거나 따지는 것과는 차원이 다르다.

"넌 무엇을 좋아하니?"

"어떤 기분이 들어?"

"이게 너에게 소중한 거야?"

"넌 언제가 제일 행복하니?"

"나중에 어떤 일이 꼭 해 보고 싶니?"

누군가 맑고 초롱초롱한 눈빛으로 아무런 사심 없이 이런 질문을 한다면 어떤 기분이 들겠는가? 우리는 살아가면서 자신을 알고 이해하고 스스로 받아들이는 과정을 경험한다. 그래야 자신을 아끼고 사랑하게 된다. 그 과정에서 중요한 것이 질문이다. 늘 누군가와 협상하며 사는 우리는 당장의 작은 목표에 가려 자신이 진정으로 원하는 것을 깨닫지 못할 수도 있다. 그럴 때 좋은 질문은 자신에게 좀 더 중요한 것이 무엇인지 깨닫게 해 준다. 이런 깨달음을 위한 질문을 주고받는 협상을 해 보면 좋겠다. 서로 다른 의견으로 협상할 때는 마치 대립하는 것처럼 보이지만 실상은 절대 그렇지 않다.

    부모와 자식 간의 협상은 늘 성장에 초점이 맞춰져 있다. 그러니 서로의 성장을 도와주는 중요한 동반자로서 상대의 마음을 알기 위한 질문이 필요하다. 만약 질문을 적절히 사용할 줄 모른다면 왜 자신에게 묻지 않고 마음대로 하냐며 원망을 들을 수도 있다. 질문에 대해 알지 못하면 말 그대로 대립되는 관계에 머물러 버릴 수도 있다.

: 좋은 질문이 멋진 협상을 가져온다 :

"햄버거 사 줘요."라는 아이에게 "햄버거는 안 돼!"라고 대답해 버린다면 대화는 끝나고 힘겨루기로 넘어갈 것이다. 아이는 사 달라고 떼쓰고, 엄마는 안 되는 이유를 조목조목 말하다 결국엔 폭발하거나 햄버거를 사 주는 것으로 끝이 난다. 이런 결과에 지쳤다면 이제 좋은 질문을 한번 해 보기 바란다. 어떤 질문이 적절할까? 우선 햄버거로 표현되는 아이의 말속엔 다양한 욕구가 숨어 있다는 점을 알아차리면 좋겠다. 아이의 진짜 욕구를 알고 싶다면 질문을 활용해 보자. "왜 꼭 햄버거를 먹고 싶어?"라고 묻는다면 아이는 왜 자신이 바로 지금 햄버거를 먹고 싶은지 대답할 것이다.

엄마	"왜 꼭 햄버거를 먹고 싶어?"
아이1	"배고프니까요."
아이2	"맛있잖아요."
아이3	"몰라요. 그냥요."
아이4	"엄마가 이번 주에 사 주신다고 약속했잖아요."
아이5	"오늘 친구가 먹는 거 보면서 정말 먹고 싶었단 말이에요."

아이의 대답 중 협상할 여지가 있다고 보이는 게 있는가? 아이의 욕구가 단순히 햄버거에만 있는 게 아니라 다른 욕구가 있다는 것도 파악이 된다. 배고프다는 말에선 다른 것으로 제안해 볼 여지가 있다. '몰라요. 그냥요.'라 대답하는 경우 아이들은 대부분 뭔가 짜증나고 속상한 일이 있거나 진짜 하고 싶은 말이 있는데 그 말을 하지 못하는 경우이다. 이럴 땐 햄버거 이야기보다는 "뭔가 엄마한테 할 말이 있나 보네. 그게 뭐야?"라고 물어보는 게 좋다. 이번 주에 햄버거를 사 주겠다는 무심코 던진 약속을 아이가 기억하고선 엄마에게 약속을 지키라고 요구하는 이면엔 늘 약속을 잘 지키지 않은 엄마에 대한 원망과 엄마를 시험해 보고 싶은 마음도 느껴진다. 이럴 때는 지금 당장 사 주기보다 다시 정확하고 구체적인 약속을 정하고 그때 그 약속을 지키는 협상이 가능하다.

마지막 대답은 협상이 가능한지 생각해 보자. 친구가 햄버거를 먹는 모습을 봤다면 그 햄버거가 머릿속에 아른거리고 입에선 침이 꼴깍 넘어가고 있을 것 같다. 이런 이유를 아이가 말한다면 잠시 고민하다 아이의 요구를 들어 주라고 말하고 싶다. 이럴 땐 엄마가 기분 좋게 한번 사 주는 게 더 좋겠다.

"그렇게 먹고 싶었어? 그렇다면 엄마가 모처럼 햄버거 한번 쏠게."

아이 입장에서 어떤 기분이 들지 생각해 보자. 가끔 아이 마음에 이렇게 기분 좋게 수용하는 엄마 아빠의 모습이 간직되는 건 참 좋은 일이다.

아이가 뭔가를 요구할 때 우리가 기억할 일은 당장 '예스, 노.'를 대답하는 게 아니라 아이의 제안에 대해 협상을 하려는 태도이다. 그리고 부모와 아이가 함께 만족할 만한 협상을 하기 위해선 질문이 필요하다. 그중에서도 "왜?"라는 질문은 정말 중요하다. "넌 왜 그걸 원하니?"라는 질문에서 겉으로 표현된 '요구' 속에 숨어 있는 아이의 '욕구'를 이해할 수 있으니 말이다.

: 협상에서 효과적인 질문 :

아이와 협상할 때 어떤 질문이 효과적인지 알아보자.

첫째, 개방적 질문이다.

"네가 바라는 건 뭐야? 걱정되는 게 있니? 네가 생각하는 걸 말해 줄래?"

'예, 아니오.'로만 답하게 되는 질문은 대화가 자꾸 끊어지게 된다. 결국엔 심문하고 강요하는 대화로 진행될 수 있다. 그러니 어떤 점이 좋은지 싫은지, 어떻게 다르게 하고 싶은지 아이의 마음을 더 잘 알 수 있는 개방적 질문이 효과적이다. 이런 질문은 최소한 아이가 조금이라도 자기 생각을 말하게 된다. "몰라요."라고 대답해도 좋다. 질문을 받은 아이는 바로 그 순간부터 마음속으로 그 질문에 대한 생각을 시작하기 때문이다.

둘째, 의견을 물어보는 질문이다.

"네 의견이 궁금해. 이 문제에 대해 넌 어떻게 생각하니? 네 의견을 솔직하게 말해 줄래?"

협상 내용이나 엄마 아빠가 말한 내용에 대한 생각을 질문하는 것이다. 어떤 협상에도 일방적인 의견과 주장만 있는 건 바람직하지 않다. 서로의 의견을 모두 이야기할 수 있어야 한다. 그래야 모두 만족하는 결과를 얻을 수 있다. 개인적으로 아이들의 의견을 묻는 질문을 좋아하는 이유가 있다. 아이들 의견, 꽤나 기발하고 신선하다. 어른들이 잊어버린 소중한 것을 깨닫게 하기도 한다. 아이들에게 의견을 물어보면 분명 경험하게 될 것이다.

셋째, 칭찬하며 질문하자.

'칭찬하며 질문하기'에는 두 가지 방식이 있다. 한 가지는 대화하는 바로 그 순간, 아이의 태도에 대한 칭찬이다.

"화나는 걸 참고 이야기해 주니 고맙다. 좋은 아이디어야. 엄마의 말을 잘 들어 주니 마음이 편안해."

아이의 배려, 성실성, 지구력, 아이디어, 인내력 같은 장점을 칭찬하며 다음 질문을 하는 것이다. 서로 의견을 나누고 자기 생각을 정리해서 말하는 건 에너지 소모가 많은 일이다. 생각하는 것도 힘들고 말하는 것도 쉽지 않다. 그러니 대화를 이어가는 것 자체만으로도 칭찬할 거리가 된다. 이렇게 칭찬해 준 다음 질문하면 아이는 그 질문에 대해 더 진지한 태도로 답하게 된다.

또 한 가지는 아이의 평소 행동 중 칭찬할 거리를 찾아 이야기하고 바로 그 관점에서 지금의 주제를 다루는 방법이다. 예를 들어 동생을 배려하기보다 자기 자신에게 더 이로운 선택을 하려는 아이에게 이렇게 말하는 것이다.

"전에 네가 동생이 집에 혼자 있다고 친구랑 놀지 않고 집으로 빨리 온 적 있지? 그때 엄마 아빠는 참 고맙고 기특했어. 네가 그런 생각을 할 줄 안다는 게 너무 감사했지. 그런 관점에서 본다면 이 제안은 어떤 것 같니?"

넷째, 대안을 질문하자.

"다른 대안도 있지 않을까? 좀 더 생각해 보자."

아이들의 요구는 보통 한 가지이다. 그리고 질문하지 않으면 그 한 가지에 매달려 대화를 이어가게 된다. 결국 처음부터 성공하기 어려운 협상을 진행하게 된다. 그러니 서로 의견의 합의점을 찾지 못할 땐 또 다른 대안을 질문하는 게 좋다. 합의점을 쉽게 찾을 수 있는 경우에도 더 좋은 대안을 찾는 것은 매우 중요한 일이다. 늘 익숙한 방식에만 머무른다면 더 이상 발전하긴 어렵지 않겠는가? 따라서 생각을 자극하는 차원에서도 이 질문은 효과적이다.

다섯째, 아이를 존중하는 질문을 하자.

"이 문제에 대해선 네가 더 전문가라 생각해. 넌 어떻게 생각하니?"

아이를 존중하는 질문은 중요하다. 아이들이 경험하는 세계에 대해 부모가 잘 모르는 부분이 더 많다. 학교 생활에 있어서도 엄마 아빠보다 아이들이 그 상황을 더 잘 안다. 다만 아이가 보는 것이 나무뿐이니 그 나무들에 대한 정보를 다 말할 수 있게 도와주어야 한다. 그 나무들을 모아 숲의 형태를 파악하는 데서 부모의 도움이 필요하다. 부모는 아이가 보는 나무가 무엇인지, 어떤 상황인지 파악하지 않은 채 일반론으로만 접근하는 실수를 많이 하곤 한다. 아이를 존중해 보자. 아이가 경험하는 상황에 대해선 아이가 전문가다. 전문가의 의견을 다 듣고 난 다음 아이가 놓치고 있는 부분에 대한 통찰을 전하는 것이 다음 순서이다.

여섯째 도움을 줄 수 있다는 메시지를 전하자.

"엄마 아빠가 도움을 주고 싶어. 어떤 부분을 도와줄 수 있을까?"

아이들은 의외로 부모에게 도움을 요청하지 않는다. 그럴 때 늘 도와줄 수 있다는 메시지를 전하는 게 좋다. 힘든 상황에서, 혹은 위급한 상황에서 누군가 도와주겠다는 말이 기억날 것이다. 부모가 도와주겠다는 말, 어떤 도움을 주면 좋을지 물어보는 말이 우리 아이의 마음속에 자리 잡으면 좋겠다.

창의적인 대안을 제시하는
협상 대화법

: **파이를 지금 나눌까? 더 크게 키워서 나눌까?** :

'파이를 나누기만 할 것인가? 키워서 나눌 것인가?'
 협상의 대가들은 항상 이 말을 한다. 주어진 파이를 똑같이 나누는 것에만 신경을 쓴다면 나보다 상대가 더 많이 가져가는 건 아닌지 신경 쓰는 경쟁적 협상에만 머물게 된다는 의미이다. 경쟁이란 여간해서 좋은 관계를 유지하기가 어렵다. 딱 한 번만 협상할 때는 이 방법도 괜찮다고 한다. 여행지에서 물건을 살 때는 흥정에서 무조건 싸게 사는 게 유리하다. 다음에 다시 오지 않을 테니까. 장사하는 입장에서도 마찬가지이다. 무조건 비싸게만 팔면 된다. 여행객이라 다시 찾아올 확률은 거의 없기 때문이다. 그러니 관계나 평판을 생각하지 않고 비싸게만 팔려고 한다. 여행지의 바가지가 바로 이런 경쟁적 협상 방식이다. 한쪽은 분명 희생자가 되어 버린다.

우리 아이와의 협상에서 이러면 곤란하다. 부모와 아이가 하는 협상은 경쟁적이어서는 안 된다. 가장 중요한 이유는 부모 자식 간 협상은 한 번에 끝나는 것이 아니라 계속 무한 반복되기 때문이다. 아침에 깨울 때, 밥 먹을 때, 옷 입을 때의 협상들이 어디 한 번에 끝나는 문제인가? 학교 다녀와서 씻기, 숙제하기, 책읽기, 모두 무한 반복되는 협상들이다. 그 어느 것 하나 한 번의 협상으로 완성되는 것은 없다. 그러니 경쟁적으로 유리한 쪽의 결론을 얻는 협상을 하겠다는 생각은 버리는 게 좋다. 그렇다면 아이와의 협상은 어떤 방식으로 하면 좋을까?

탈무드에서는 파이를 나눌 때 한명이 똑같이 자르고 나머지 한명이 먼저 선택하게 한다는 방법을 제시한다. 이 방법도 괜찮은 것 같다. 그런데 우리 문화는 조금 다르다. 여전히 형이 더 많이 먹어야 한다는 인식이 있기 때문이다. 그러니 어쩌면 둘이 똑같이 나눠 먹는 일은 좀 더 간단하다. '형이 얼마만큼을 더 먹는가.' 하는 문제가 훨씬 더 복잡하다.

협상의 대가들은 파이를 똑같이 나누는 것에만 신경 쓰지 말고 파이를 더 크게 키워서 둘 다 기분 좋게 나눠 먹으라고 말한다. 그렇다면 파이를 키우는 것은 어떤 것일까? 과자를 먹을 때를 생각해 보자. 자세히 살펴보면 아이들이 맛있는 간식을 먹을 때 절대 그 과자의 양만으로 싸우지는 않는다.

한 엄마가 과자 한 봉지를 주고 두 아이에게 나누어 먹으라고 했다. 그랬더니 서로 더 많이 먹겠다며 싸운다. 다시 엄마가 두 개의 그릇에 과자를 나눴는데 아무래도 똑같지가 않다. 이럴 때 두 아이가 만족스럽게 협상하려면 어떻게 하면 좋을까? 큰 아이가 먼저 정하니 형이 더 많은 걸 가진다며 동생이 징징거리고, 동생이 먼저 선택하게 하니 형도 불만이다. 둘이 가위바위보를 하라고 했더니 진 사람은 또 징징거린다. 잠깐 멈추고 엄마는 두 아이에게 둘이 잘 의논해서 기분 좋게 나누어 가질 수 있는 방법을 생각해 보라고 했다. 큰 아이가 잠시 생각하더니 이렇게 제안한다.

"그럼 네가 먼저 정해. 그 대신 형이 과자 봉지에 넣어서 먹을 거야."

동생도 만족했다. 형은 왜 이런 제안을 했을까? 이유가 있었다. 과자 봉지에 남은 부스러기 때문이었다. 그 부스러기를 한입에 털어 먹는 맛의 쏠쏠함을 알고 있었기 때문이다. 그런데 잠깐, 혹시 큰 아이가 이러는 걸 보고 왠지 아이가 너무 약았다거나 동생을 이용하는 건 아닌지 마음에 걸리는가? 부모들이 이런 문제로 고민하는 이야기도 많이 들었다. 그러나 이 정도는 크게 걱정하지 않아도 좋을 것 같다. 동생도 얼마 지나지 않아 과자 부스러기의 매력을 알게 될 것이다. 그땐 동생도 그 봉지를 차지하기 위해 또 다른 협상 조건을 내걸게 될 것이다. 형 또한 또 다른 성공적인 협상을 위한 고민을 할 것이다. 아이들은 이렇게 서로의 관계에서 마음 상하지 않고 서로가 만족하는 협상법을 배워가는 것이다.

서로 엄마 옆에서 자고 싶은 두 아이가 싸운다. 두 아이를 양쪽에 끼고 엄마가 가운데 누웠다. 이번엔 둘 다 서로 자기 쪽을 바라보라고 요구한다. 아이들에게 둘이 잘 결정하면 엄마가 그대로 따르겠다고 말하고 기다린다. 큰 아이가 말한다. 동생이 먼저 잠드니 그때까지 동생을 바라보라고, 대신 자신에게는 책을 열 권 읽어 달란다. 이번엔 엄마가 불만스럽다. 열 권은 너무 많다. 엄마가 협상 조건을 제시한다. 너무 힘드니 다섯 권으로 줄여 달라고. 아이도 흔쾌히 동의했다.

파이를 키운다는 의미는 이런 것이다. 과자에서 과자 봉지로, 잠자리에서 동화책으로 범위를 확대시킨다는 의미이다. 파이를 키워 생각해 보면 더 새로운 방법을 분명히 찾을 수 있게 된다.

: 천 년 전 협상 이야기 :

우리나라에서 협상을 제일 잘하는 사람은 누구일까? 외교부는 2009년부터 우리 역사에서 외교에 기여한 바가 큰 인물의 생애와 업적을 기리는 '우리 외교를 빛낸 인물' 선정 사업을 시작했다. 외교부는 외교부·학계·언론계 인사들로 구성된 인물선정위원회의 심사를 거쳐 우리 외교를 빛낸 첫 번째 인물로 고려 초의 문신 '서희'를 선정했다. 서희는 뛰어난 외교 전략가이자 협상가로서 993년(고려 성종 12년) 거란의 소손녕과 외교 담판을 벌여 거란과의 군사적 충돌을 막았을 뿐 아니라, 거란의 동의를 얻어 강동 6주를 고려 영토로 편입, 압록강까지 국경을 확장한 인물이다. 협상은 말로 하는 건데 어떤 협상을 했기에 전쟁도 막고, 영토까지 확장할 수 있었을까? 서희의 협상 이야기를 알아보자.

거란의 80만 대군이 고려를 침입했다. '고려의 왕이 백성을 잘 다스리지 못하니 하늘을 대신해 천벌을 내리러 왔다.'는 말도 안 되는 명분을 내걸었다. 거란 장수 소손녕은 차례로 공문을 보내왔다.

"80만의 군사가 도착했다. 만일 강변까지 나와서 항복하지 않으면 섬멸할 것이니, 국왕과 신하들은 빨리 우리 군영 앞에 와서 항복하라."

거란은 당시 동아시아 최강자였다. 송나라도 거란이 차지한 땅을 되찾기 위해 군사를 일으켰으나 대패했다. 고려는 싸울 여력이 없었고, 이길 가능성도 없었다. 비참한 결과가 눈에 보였다. 겁먹은 신하들은 두 가지 대안을 말했다. 한 가지는 거란의 요구대로 항복을 하자는 거였고, 또 한 가지는 거란이 원하는 대로 서경(평양) 이북의 땅을 떼어 주고 화평을 맺어야 한다는 주장이었다. 성종은 무조건 항복하는 것보다는 땅을 떼어 주는 쪽으로 마음이 기울었다. 이때 서희가 나서서 말했다.

"국토를 떼어 적에게 준다는 것은 만세의 치욕입니다. 그들이 끝없이 강요한다고 다 내어 주어야 하겠습니까? 전쟁의 승패는 군사의 강약에 있는 것이 아니라 틈을 잘 엿보아 움직이는 데 있을 뿐입니다. 적의 숫자를 그대로 믿고 서경 이북의 땅을 떼어 줘서는 안 됩니다. 그리고 그들과 화의할 수 있는 조짐이 보입니다."

서희는 대체 무엇을 보고 이런 말을 할 수 있었을까? 게다가 화의할 조짐이 있다니? 당시 거란은 중국땅 전체를 장악할 야망으로 송나라를 정복하려 했다. 그때 거란은 고려가 마음에 걸렸다. 송나라와 싸우는 동안 송나라와 동맹을 맺고 있는 고려가 배후기습을 할까 걱정한 것이다. 서희는 거란이 적극적인 싸움을 하지 않고 계속해서 항복만을 요구하는 것을 보고 그 속셈을 간파했다. 모두가 겁먹고 항복하거나 땅을 내어 주는 수밖에 없다고 절망하는 순간에 정신을 차리고 상대가 원하는 것이 무엇인지 파악한 것이다. 그의 남다른 통찰과 판단력에 감탄이 절로 나온다. 거란이 침략한 궁극적인 목적을 파악한 서희는 거란의 장군 소손녕을 만나겠다고 자청하였다.

서희는 국서를 가지고 소손녕을 찾아갔다. 소손녕은 서희에게 자신은 대국의 귀인이니 자신에게 절을 해야 한다고 우겼다. 적진 한가운데에서 서희는 침착하고 단호한 태도로 대답했다.

"신하가 임금을 대할 때는 절하는 것이 예법이나, 양국의 대신들이 대면하는 자리에서 어찌 그럴 수 있겠는가?"

듣고 보니 정말 맞는 말이다. 적들에게 둘러싸여 있고, 소손녕이 계속 강요했지만 서희는 상황을 냉정하게 파악하고 당당한 태도를 고수하였다. 아마 자신이 상대에게 절하는 것은 곧 항복을 전제로 한다는 것을 알아차렸을 것이다. 물론 거란이 전쟁보다 화의를 원하고 있다는 판단 덕에 가능했던 행동이었다. 서희와 소손녕의 본격적인 담판이 시작되었다. 먼저 소손녕이 물었다.

소손녕 "당신네 나라는 옛 신라 땅에서 건국하였다. 고구려의 옛 땅은 우리나라에 소속되었는데, 어째서 당신들이 침범하였는가?"

서 희 "그렇지 않소. 고려는 바로 고구려의 후예요. 그러므로 나라 이름을 고려라 부르고, 평양을 국도로 정한 것 아니오. 거란은 그냥 고구려 땅에 자리 잡은 나라일 뿐이지 않소? 그런 논리라면 거란의 수도 동경도 옛 고구려 땅이니 오히려 우리 고려에 거란 수도 동경과 옛 고구려 땅을 내놓아야 하오."

소손녕 "음……고려는 왜 우리 거란을 멀리하고 바다 건너 송나라를 가까이 하는 것이오?"

서 희 "압록강 안팎도 원래는 우리 땅이요. 여진족이 그곳을 차지하고 있으니 육로를 건너 거란으로 가는 것이 바다를 건너는 것보다 더 불편하니 어쩔 수가 없소이다. 만약 압록강가의 여진족을 몰아내고 우리의 옛 땅을 회복하여 성을 쌓고 길을 통하게 한다면 어찌 국교가 통하지 않겠소."

서희가 내건 조건을 거란의 임금도 허락했다. 고려가 압록강 동쪽의 영토를 개척하는 일도 포함해서 말이다. 거란의 진짜 목적은 송나라를 치는 것이니 송과의 관계를 단절한다는 조건을 걸고 협상했다. 서희는 고려를 침공하지 않겠다는 약조를 받아내는 것은 물론 강동 6주를 돌려받고 고려로 돌아왔다. 서희와 담판을 진행한 소손녕은 서희의 인품과 협상력에 반해 돌아갈 때 말과 비단, 낙타를 선물로 주기까지 했다. 싸우지 않고도 거란의 대군을 돌려보내고, 오히려 영토까지 얻었으니 우리 역사상 가장 실리적으로 성공한 외교라 칭찬받을 만하다. 위대한 업적이 훌륭한 이유는 그 일이 이루어지는 과정에서 우리가 깨닫고 배울 점이 많기 때문이다.

: 창의적 대안은 새로운 관점에서 :

　서희 장군의 멋지고 통쾌한 협상 전략을 통해 부모가 아이들과의 협상에서 어떤 것을 생각해 보아야 할지 찾아보자. 물론 부모가 협상해야 할 대상은 적이 아닌 소중한 아이들이다. 아이를 이기기 위한 연구도 아니고, 경쟁하는 것도 아니다. 성장을 도와주어야 하는 게 부모다. 서희 장군의 협상이 적과의 협상이긴 했지만 분명 두 나라가 모두 원하는 결과를 얻었을 뿐 아니라 선물까지 주고 간 것으로 보아 거란의 소손녕은 서희에게 감탄했음이 분명하다. 적이라도 이런 멋진 결과가 가능한데 부모와 자식은 하물며 서로 같은 편이지 않나. 그러니 아주 조금만 그 비결을 배우고 행동으로 옮긴다면 분명 서로 행복하고 감사한 협상의 결과를 가져올 거라 확신한다.

　서희 장군은 어떤 협상 전략을 사용하고 있을까?

　첫째, 송나라와 대립하고 있는 거란의 국제 정세를 정확하게 이해했다. 서희 장군에게서 배우고 싶은 것은 이 부분이다. 다른 신하들처럼 항복이나 땅을 내어 주는 일만을 생각하지 않고 왜 상대가 지금 이 시점에 그런 요구를 하는지 파악하는 능력, 즉, 서희 장군은 전체를 조망하는 능력을 발휘했다. 우리는 아이가 요구하고 투정 부리는 마음속 갈등의 상황을 아이 생활 전체적 상황에서 바라보는 것이 필요하다. 나무도 자세히 보고 더 큰 눈으로 숲도 보아야 한다.

둘째, 상대가 진정 원하는 것이 무엇인지 정확하게 파악했다. 정세를 알아서 가능했을 것이다. 사실 이러기 쉽지 않다. 당장에 네 땅을 내놓으라고, 안 그러면 쳐들어와서 모두 항복시켜 버리겠다고 위협하는 상황에서 정신 차리고 상대가 진짜 원하는 게 무엇인지 파악하는 것은 정말 쉽지 않은 일이다. 만약 그 순간 서희의 그런 지혜로움과 적진 한가운데에서 요구 조건을 내거는 담대함이 없었더라면 그 시점 이후 우리의 역사는 많이 달라지지 않았을까?

셋째, 평야가 많은 중국 땅과 달리 산악지대인 우리나라의 지형에 대한 이해이다. 산악지대에서의 전투에 자신감을 잃은 거란군의 상황을 읽어낸 통찰력이 있었다.

넷째, 서희가 협상하는 말과 태도에 관한 것이다. 서희는 논리 정연한 언변으로 상대가 자신의 말에 설득될 수 있을 만큼 말을 잘 했다. 혹자는 이런 능력이 고려시대부터 있어 왔던 토론 문화 덕분이라는 말도 한다. 평소 아이와의 자유로운 토론 문화에 대해 생각해 볼만한 대목이다. 또한 서희는 말만 잘하지 않았다. 예의 바르면서도 당당한 태도가 있었다. 보통사람이면 이런 상황에서 평정심을 유지하기가 어렵다. 이 또한 협상에서 무척 중요한 요소이다. 특히 부모의 말보다 표정과 목소리 등 비언어적 신호에서 더 많은 것을 읽어 내는 아이들에게는 더욱 그렇다. 대화법을 말하는 전문가들이 모두 하나같이 비언어적 메시지의 중요성을 강조하는 이유가 바로 여기에 있다.

　다시 정리해 보자. 서희는 논리 정연한 말솜씨, 예의바르고 당당한 태도, 국제 정세에 대한 이해, 지리적 차이에 대한 이해, 상대가 진정 원하는 것에 대한 파악, 그리고 창의적 대안으로 우리나라 최고의 협상을 이끌어 냈다. 창의적 대안은 단순히 새로운 것만 말하지 않는다. 서로에 대한 이해가 우선이다. 그래야 서로가 생각하던 아이디어가 합쳐져서 시너지 효과를 내면서 더 좋은 아이디어로 합의점을 찾는 것이다. 살다 보면 그런 아이디어가 성공을 불러 오는 경우를 종종 본다. 일상은 늘 반복적이고 새로운 창의성이 끼어들 틈이 없어 보인다. 하지만 절대 그렇지 않다. 창의성이란 남들이 더 이상 방법이 없다고 멈출 때 새로운 방법을 찾아내는 것이다. 학습지의 숫자 공부를 싫어하는 아이에게 좋아하는 미니 자동차 장난감을 주고 수를 세게 했더니 열 번도 넘게 반복한다. 창의적 대안은 이렇게 사소한 것에서 시작할 수 있다.

협상을 잘할수록 아이와의 관계는 좋아진다

: '관계'와 '협상'의 관계 :

아이들은 어떤 부모를 좋아하는가? 아이를 성장하게 하는 협상이 성공하려면 가장 중요한 건 부모와 아이 간의 관계이다. 관계가 좋아야 부모의 말을 잘 수용할 수 있다. 관계가 좋아야 아이도 자신의 의견을 마음껏 말할 수 있다. 역사적으로도 중요한 사건들은 결국 인간관계에서 결정되는 경우가 많다. 관계를 해치고도 아이만 잘 자라면 된다는 어리석은 생각을 가진 부모는 없을 것이다. 하지만 생각과 달리 현실에선 아이와의 관계를 소홀히 하거나 나빠지는 것을 감지하지 못하고 사는 경우가 너무 많다. 최소한 관계가 좋게 유지

되려면 부모의 여러 가지 모습 중에 아이들이 좋아하는 모습이 어느 정도 있으면 좋겠다. 아이들이 좋아하는 엄마 아빠를 알아보자.

첫째, 아이들은 말로만 잔소리하기보다 직접 행동으로 보여 주는 부모를 좋아한다. 둘째, 자신이 한 행동을 지적하기보다 잘한 점을 찾아 칭찬해 주는 부모를 좋아한다. 그렇게 칭찬만 해 주면 나쁜 점을 고치는 일은 식은 죽 먹기다. 셋째, 자기 말을 잘 들어 주는 부모를 좋아한다. 몇 번이고 말해도 들은 척도 하지 않으면서 자기 말만 잘 들으라고 하는 부모를 좋아하기는 어렵다. 넷째, 자신에 관해 잘 기억해 주기 바란다. 아이가 크면서 서운하게 생각하는 것들을 떠올려 보면 쉽게 알 수 있다. 다섯째, 함께 잘 웃는 부모를 좋아한다. 아이들이 싫어하는 건 부모의 무표정, 무서운 표정이다. 미소 짓고 웃을 때 아이의 마음도 활짝 펴진다. 부모의 인상과 아이의 마음속 표정은 완전 일치한다. 여섯째, 잘할 때까지 기다려 주는 부모를 좋아한다. 시간이 걸려도 스스로 해내고 싶기 때문이다. 잘하게 만들고 싶은 조바심에 부모가 대신 해 준다면 당장엔 만족하는 것 같지만 아이의 내면에선 전혀 그렇지 않다. 일곱째, 편안하게 안길 수 있는 따뜻한 엄마 아빠의 품을 좋아한다. 아이들은 언제나 부모가 편안하게 안아 주기를 바란다. 그러니 편하게 안길 수 있는 부모를 좋아한다. 아이가 엄마 아빠 품에 편안하게 안기지 못하고 어색해한다면 참 슬픈 일이다. 정리해 보면 다음과 같다. 이 중 한두 가지만이라도 잘할 수 있다면 아이들과의 좋은 관계가 유지될 수 있다.

● **아이들은 이런 엄마 아빠를 좋아한다**
/ 잔소리보다 직접 행동으로 보여 주는 부모
/ 지적하기보다 잘한 점을 찾아 먼저 칭찬해 주는 부모
/ 자기 말을 잘 들어 주는 부모
/ 자신에 대해 잘 기억해 주는 부모
/ 함께 잘 웃는 부모
/ 잘할 수 있을 때까지 기다려 주는 부모
/ 언제든 편안하게 안길 수 있는 부모

: 협상의 시작은 아이스브레이킹으로 :

아이들이 부모에게서 바라는 요소들 중에서 협상을 시작할 때 꼭 필요한 요소가 있다. 바로 미소와 웃음이다. 함께 미소 짓고 웃으며 시작한다면 이미 절반은 성공했다. 사람 관계에선 서로 함께 미소만 지어도 마음이 통하는 느낌이 든다. 그러니 대화에서는 유머가 필요하다. 단 그냥 웃기기만 하면 된다는 의미는 아니다. 서로 대화를 시작할 때 마음을 열 수 있는 게 유머이다.

지하철에서 엄마 품에 안겨 예쁜 말로 재롱을 떠는 아이가 있다.

- "엄마, 전철은 착해요."
- "왜 그렇게 생각해?"
- "난철이라고 안하고 전철이라고 존댓말을 하잖아요."

주변 사람들이 모두 아이 말을 들으며 입가에 미소가 번진다. 미소 짓다 서로 눈이 마주치니 마음이 통하는 느낌이다. 이런 것이 유머의 힘이다. 경직되거나 불편함이 느껴지는 썰렁한 분위기가 있다면 그 협상은 성공하기 어렵다. 긴장된 만큼 서로 흠집만 찾으려 할 테니까. 이럴 때 필요한 게 유머이다. 얼음 같은 분위기를 깨뜨려야 한다.

아이스브레이킹을 해 보자. 말 그대로 얼음을 깨는 것이다. 관계가 어색하거나 불편할 때 우리는 썰렁하다는 표현을 한다. 썰렁하고 찬바람 부는 상태로 협상하면 안 된다. 보나마나 실패할 확률이 매우 크다. 그러니 아이스브레이킹을 통해 분위기를 화기애애하게 만드는 것이 우선이다. 아이스브레이킹을 위해선 각자 다양한 방법을 사용할 수 있다. 아이가 좋아하는 단순한 놀이도 좋다. 권하고 싶은 방법은 재미있는 이야기를 한 가지씩 들려주는 방법이다. 이야기를 들려주고 난 다음 아이와의 친밀도를 마음속으로 짐작해 보자. 숫자로 표현하면 쉽게 파악할 수 있다. 이야기를 시작하기 전 아이와의 관계가 10점 만점에 몇 점으로 느껴졌는가? 물론 사랑하는 마음은 늘 10점이지만 친밀감은 그때그때 다르게 느껴질 수 있다. 아이스브레이킹이 효과적인 이유는 그 전과 후에 느껴지는 친밀감이 달라지기 때문이다. 친밀감이 잘 유지되도록 대화를 진행하면 협상이 성공적일 뿐 아니라 서로의 관계도 분명 좋아진다. 게다가 '이야기 들려주기 아이스브레이킹'은 굳이 설교하지 않아도 이야기 속의 교훈을 아이가 직접 깨달을 수 있기 때문에 효과적이다. 책 속의 이야기도 좋고 현실의 이야기도 좋다. 기왕이면 아이의 시야가 좀 더 넓어지는 이야기를 하면 좋겠다.

: 관계가 좋아지는 협상의 절차 :

아이와의 협상에서 가장 중요한 건 관계이다. 관계를 챙기면 협상 결과가 좋지 않아도 다음을 기약할 수 있다. 하지만 서로 감정이 상해 버린다면 다시는 협상 같은 건 하지 않겠다고 원망할 수도 있다. 그러니 협상을 진행하면서 기왕이면 더 좋은 관계가 되면 좋지 않을까? 관계가 더 중요한 이유가 또 한 가지 있다. 만약 엄마 아빠의 의견이 다를 경우 아이는 누구의 의견으로 기울어질까?

일요일 저녁 엄마는 중국집 음식을 시켜 먹자고 한다. 아빠는 돈도 아깝고 건강에도 좋지 않으니 간단하게 카레를 해 먹자고 한다. 아이는 누구 의견에 동조할까? 물론 자장면과 카레 중 자신이 더 먹고 싶은 것을 선택할 확률이 가장 높다. 하지만 엄마 아빠가 기분 나쁘게 서로 의견이 대립하는 상황이라면 이야기는 달라진다. 아이는 부모 눈치를 보게 되고 자신이 먹고 싶은 건 더 이상 중요하지 않다. 이때 아이의 의견에 따라 정하기로 한다면 아이는 누구 편을 들겠나? 힘 센 사람? 아니다. 아이는 자신과 관계가 좋은 사람, 편들어 주고 싶은 사람의 의견을 따른다. 엄마와 관계가 더 좋은 아이라면 이렇게 말할 것이다.

"아빠, 엄마 힘든데 한 번만 중국집 시켜요, 나도 먹고 싶어요."

아빠와 관계가 더 좋다면 이렇게 말하지 않을까?

"엄마, 돈 아껴야지. 살찐다고 걱정하면서 왜 자꾸 중국음식 먹으려고 해요?"

결국 아이들이 하는 말과 행동을 보면 늘 관계가 좋은 쪽의 의견을 따라 준다는 것을 알 수 있다. 그래서 왠지 부담스럽고 거부하고 싶은 것도 기꺼이 수용하려 애쓰게 된다. 물론 그 협상의 결과는 궁극적으로 아이에게 도움 되는 일이라 관계는 더욱 돈독해진다. 아이가 커 가면서 이런 경험을 하게 되면 아이는 더욱 멋진 모습으로 성장하게 된다. 부모에게 아이의 존재가 참 든든해진다. 서로 속마음을 나눌 수 있고 서로 조언을 해 줄 수 있는 진정한 동반자로서의 관계가 성립되기 시작하는 것이다.

성공적인 협상을 경험한 아이는 부모에 대한 신뢰와 애정이 더욱 돈독해지며 관계가 좋아진다. 관계가 좋아지는 협상 과정을 살펴보자.

우선, 아이스브레이킹으로 기분 좋게 마음을 열고 협상의 주제를 정한다. 브레인스토밍으로 새로운 대안을 함께 머리 맞대고 짜낸다. 대안을 정할 땐 가능하면 아이가 낸 의견에서 발전시키는 게 더 좋다. 협상의 목적 중의 하나가 아이를 교육하기 위한 것이다. 앞으로 더 좋은 생각을 잘하는 아이로 키우기 위해서라도 틀렸다는 사실을 보여 주기보다 가능성이 있다는 사실을 경험하게 하는 것이 중요하다. 또한 아이가 정말 원치 않는 방법이라면 거부 의사를 밝히도록 장려한다. 자신이 반대하고 싶은 건 반대해도 된다고 배우기까지 시간이 많이 걸린다. 그러므로 부모는 자주 아이가 자신의 뜻을 잘 표현할 수 있게 도와주는 것이 좋다.

그리고 마지막으로 협상 과정에 대한 소감을 꼭 나눈다. 협상 과정에서 느낀 점을 서로 공유할 때 충분한 교감이 완성된다. 협상을 진행하면서 좋았던 점, 힘든 점, 다음에 개선하고 싶은 점, 서로 칭찬해 주고 싶은 점, 그리고 감사한 점 등을 몇 가지 이야기하는 것이다. '이렇게 협상을 해 보니'라는 말로 시작하면 된다. 의외로 속 깊은 아이들의 말을 듣게 될 것이다. 그런 말속에 아이가 잘 자라고 있음을 확인할 수 있다. 말로 나눈 대화를 기록으로 남겨 둔다면 우리 가족의 소중한 보물이 될 것이다.

● **이렇게 협상을 해 보니**

좋은 점 : _____

칭찬할 점 : _____

개선할 점 : _____

정리해 보면 아이와의 협상 절차는 다음의 과정을 거친다. 이렇게 진행하면 관계도 좋아지고 서로 만족할 만한 결과를 얻는 성공적인 협상이 가능하다.

● **관계가 좋아지는 협상의 절차**

1. 아이스브레이킹 하기
2. 협상 주제 정하기
3. 브레인스토밍 하기
4. 거부할 권리 강조하기
5. 아이의 의견에서 대안 찾기
6. 협상에 대한 서로의 소감 말하기(좋은 점, 다르게 하고 싶은 점, 감사한 점)

아이와 부모 모두에게 성공적인
다섯 가지 협상의 열쇠

/

아이의 속마음을 이해하는 것이 우선이다

첫 번째 열쇠

스토리텔링을 이용한 협상 대화법

: 말만 잘하는 지훈이 :

　체구가 지나치게 왜소하고 깡마른 4학년 지훈이는 툭 건드리면 쓰러질 듯하다. 그러나 '말하기'에서는 또래 중에서 겨룰 자가 없다. 어려운 어휘를 종종 사용하여 동네 어른들로부터 말 잘한다고 칭찬을 받기도 한다. 또래와 있을 때 다른 것은 몰라도 말싸움에서 지는 경우가 없다. 지훈이 스스로도 내심 이런 자신의 풍부한 어휘력과 말솜씨를 매우 자랑스러워한다.
　지훈이의 일상에선 크고 작은 사건과 갈등에 따라오는 폭포수 같은 말의 향연이 종종 목격된다. 고급 단어를 많이 쓰긴 하지만 때로는 상황에 적절하지 않은 엉뚱한 단어를 쓰거나 부정확하게 뜻을 알고 쓰는 경우도 있다. 흥분하면 온갖 단어들을 속사포 같이 쏘아대며 절대로 지지 않으려 한다. 상대가 대화를 끝내려 해도 그만두지 않고 끝까지 따지기도 한다. 결국 친구들이건 어른이건 더 듣기가 귀찮아서 무시하고 피해 버리거나, 요구를 들어 주거나, 때로는 말싸움 끝에 결국 같이 폭발하여 몸싸움으로 번지기도 한다.

이런 지훈이 때문에 엄마는 종종 당혹스럽고 힘들다. 자신의 생각이나 요구를 표현할 때는 온갖 논리와 생각들을 들이대며 집요하게 졸라대어 결국은 원하는 바를 얻어 내고야 만다. 입장을 바꿔 다른 사람의 이야기에 수긍하거나 조율을 해야 하는 상황에서는 벽창호가 따로 없단다. 한번 고집을 부리기 시작하면 좋은 말로 달래도 소용이 없고, 적절한 타협안을 제시해도 받아들이지 않으며, 상황적으로 분명한 이유가 있어도 요지부동이다. 결국 참다 참다 폭발하는 엄마로부터 한바탕 혼나고 때로는 맞는 것으로 상황은 종료된다.

지훈이의 이런 모습을 고치기 위해 어떤 방법이 효과적일까? 지훈이 엄마도 좋다는 방법 모두 다 사용해 봤다. 달래고 어르고 설득하고 혼내고 체벌하는 것까지, 하지만 별로 달라지지 않는다. 아이는 왜 벽창호일까? 혹시 두뇌에 기질적인 문제가 있는 경우라면 병원 치료도 필요하다. 만약 그렇지 않다면 이제 좀 다른 작전을 생각해 보아야 한다. 엄마는 이제 자기 말만 하는 지훈이의 행동을 고치기 위한 협상을 시작한다.

엄마 "지훈아. 네가 대화를 나눌 때 상대 말은 듣지 않고 자기 말만 하는 경향이 있어. 그래서 앞으로 우리의 대화 방식에 대한 약속을 정하고 싶어. 예를 들어 상대 말을 다 듣고 난 다음 대화를 한다. 이런 식으로 말이야. 어때?"

지훈 "제가 언제 상대 말을 안 들었다고 그래요? 엄마도 제 말 하나도 안 들으면서. 그리고 친구들은 제가 말하는 거 좋아한단 말예요. 제가 막 웃기는 말도 하고 퀴즈도 내고 하면, 애들이 진짜 좋아해요. 발표할 때도 아이들이 아무도 안 해서 선생님이 화내려고 할 때, 저 혼자 발표한단 말예요. 선생님이 발표 잘한다고 칭찬도 많이 했고. 전에 아이들이 싸웠을 때도 제가 나서서 애들한테 그러면 안 된다고 선생님 대신 타일렀어요."

엄마 "알았어. 미안해. 네가 그런 이유가 있다는 걸 몰랐구나. 사과할게. 간식 먹자."

협상하려 하자 아이는 한참 동안 자기 말만 한다. 엄마가 한마디 했는데 지훈이는 벌써 엄마, 친구, 선생님과의 상황을 모두 끌어내어 말하고 있다. 늘 이런 식이다. 일반적인 협상의 법칙이 지훈이에게는 소용이 없었다.

: 원하는 것을 얻는 방법, 정해진 시나리오가 있었다 :

　지훈이가 왜 이렇게 말하는 것에 집착하는지 생각해 보자. 지훈이는 몸도 약하고 왜소한 아이이다. 지훈이 또한 여느 아이들처럼 칭찬과 인정을 받고 싶고 인기도 많기를 원한다. 그런데 지훈이가 유일하게 칭찬받는 분야가 말하기였다. 책에서 본 단어를 맞는지도 모르고 한번 사용했더니 모두들 대단하다고 칭찬하며 치켜세운다. 그때부터 지훈이 마음속에는 한 가지 욕구 충족의 스토리가 그림처럼 자리 잡는다. 자신이 말하면 주변 사람들이 귀 기울여 들어 주고 박수치며 좋아하는 모습이다. 그런 모습을 생각할 때마다 기분이 좋다. 특히 여러 사람들 앞에서 말하는 자신의 모습은 상상만 해도 기분이 좋다. 이제 지훈이는 일상에서도 그런 욕구를 만족시키기 위해 친구들 앞에서건 어른들 앞에서건, 수업 시간이든 놀이할 때이든 늘 말을 먼저 하려 애쓴다. 단 한마디도 지지 않을 뿐 아니라 자신의 말이 아닌 다른 사람의 말로 대화가 끝나는 건 참을 수가 없다. 마음속 그림과 현실의 장면이 일치될 때까지 지훈이는 최선을 다한다.

　반면 엄마의 마음속 그림은 전혀 다르다. 엄마가 한마디 하면 지훈이가 예쁘게 "네." 하고 순종하기를 바란다. 더불어, 말을 아끼고 겸손할 줄 아는 모습을 원한다. 처음엔 똘똘하게 말하는 지훈이가 예뻐서 칭찬을 해 주었지만 갈수록 문제가 있음을 느낀다. 엄마 마음속 그림과 지금 지훈이의 모습은 너무나 다르다. 그런 지훈이를 바라볼 때마다 엄마 마음은 괴롭기 그지없다.

　이렇게 엄마와 아이가 마음속으로 바라는 모습은 전혀 다르다. 과연 두 사람은 일치하는 합의점을 찾을 수 있을까? 의견의 차이로 협상을 해야 할 때 중요한 것 중의 하나가 상대방이 마음속으로 생각하고 있는 시나리오를 짐작해 보는 일이다. 아이의 문제 행동 속에 이미 아이가 확고하게 마음먹고 있는 시나리오가 있다. 그 시나리오대로 사건이 전개되는 경우가 대부분이다. 물론 아이가 의식적으로 자신의 시나리오를 자각하고 있는 것은 아니다. 다만 자신이 원하는 그림대로 상황이 이루어지기 위해 최선을 다할 뿐이다. 그러니 아이와 성공적인 협상을 원한다면 아이 마음속에 원하는 그림이 무엇인지 파악해야 한다. 그리고 그것을 이루기 위해 아이가 어떤 시나리오를 간직하고 있는지 아는 것이 중요하다. 지훈이는 자신이 말할 때 주변 사람들이 모두 칭찬과 인정을 해 주고 잘한다고 박수 쳐 주는 것을 원한다. 그리고 그것을 이루기 위해 지훈이는 상대가 듣든 말든 화려한 언변을 구사하는 방법을 사용하고 있다. 이제 지훈이의 행동을 조절하기 위한 협상을 시작해야 한다. 협상의 방법은 다양하다. 다른 보상을 주는 조건을 걸거나 벌을 주는 통제의 방식도 가능하다. 하지만 별 소용이 없었다. 이제 지훈이 마음속 그림을 있는 그대로 인정해 주고, 그것을 이루는 방법에 관한 시나리오에 변형을 가하는 작업이 필요하다. 이럴 때 가장 좋은 방법은 '이야기'이다. 상대를 힘들게 하는 게 아니라 누구나 지훈이의 말을 즐겁게 들어 줄 수 있도록 그 시나리오를 바꿀 수 있는 이야기가 필요하다.

: 스토리텔링으로 마음을 움직이다 :

스토리텔링이란 스토리(story)와 텔링(telling)의 합성어로 말 그대로 '이야기하다'라는 의미이다. 상대방에게 알리고자 하는 바를 재미있고 생생한 이야기로 설득력 있게 전달하는 행위를 말한다. 어떤 사실을 알려 줄 때 혹은 뭔가를 가르치고 싶을 때 이야기를 들려주는 방식의 대화가 바로 스토리텔링이다. 말을 많이 하고 잘하기도 하지만 때와 장소를 가리거나 맥락에 맞게 말할 줄 모르는 지훈이에게는 말 잘하는 사람에 관한 이야기가 좋겠다. 이야기를 선택할 때는 잘못해서 벌 받는다는 이야기보다는 이렇게 하면 더 좋다는 의미의 이야기가 더 효과적이다. 자신이 잘못했다고 말하는 경우엔 아이들은 주눅 들고 오히려 반항심만 생기기 때문이다. 지훈이처럼 말 잘하는 사람에 관한 이야기라면 기분 좋은 동일시가 가능하고 제대로 더 잘하고 싶은 내면의 욕구도 채워지게 될 테니 말이다.

스토리텔링은 인간 역사에서 의사소통의 중심적인 역할을 해 왔다. 다양한 관계에서 유익하고 가장 설득력 있는 수단이 바로 스토리텔링이었다. 그중에서도 우리의 옛이야기는 입에서 입으로 전해져 내려온 이야기들이다. 이야기를 통해 우리는 옳은 것이 무엇이고 나쁜 것이 무엇이며, 해야 할 일과 하면 안 되는 것에 대해 배우며 자랐다. 좋은 스토리텔링은 듣는 이의 흥미를 자극하며 새로운 것을 이해할 수 있는 계기를 마련해 준다. 아래 이야기는 지훈이에게 들려준 이야기이다.

이야기 잘하는 사윗감 구하기

옛날 옛적에 어떤 사람이 이야기를 잘하는 사람을 데릴사위로 삼으려 했어. 이 사람은 자기가 듣기 싫다고 할 때까지 이야기를 하면 딸을 주겠다고 하였지. 이 소식을 들은 한 사내가 찾아와서 자기가 한 번 해 보겠노라며 이야기를 시작했지. 그런데 아무리 이야기를 오래 해도 장인 될 사람이 싫다는 소리를 안 하는 것이었어. 그래서 이 사내는 궁리 끝에 끝이 없는 이야기를 하기로 했지.

"조선에 흉년이 들어 사람은커녕 쥐도 먹을 것이 없었지요. 그래서 쥐들이 압록강을 건너 중국으로 가려고 하는데 그냥은 건널 수가 없지 뭡니까. 그래서 뒤의 쥐가 앞의 쥐의 꼬리를 물고 건너야 하였지요. 쥐가 쥐꼬리를 물고 풍덩, 쥐가 쥐꼬리를 물고 풍덩……."이라고 하며 '풍덩' 소리만 몇 시간을 하였어. 한참을 듣던 장인이 될 사람이 결국 "에이 이놈, 듣기 싫다!"라고 소리쳤어. 그래서 사내는 그 집 딸에게 장가를 가게 되었대.

거짓말 잘하는 사윗감 구하기

　옛날 한 재상이 거짓말을 매우 좋아해서 마침내 거짓말 잘하는 사람에게 자기의 외동딸을 시집보내겠다는 광고를 냈어. 조선 팔도의 거짓말쟁이들이 모두 와서 거짓말을 늘어놓았지. 그런데 어떤 거짓말을 하여도 그 재상은 그 말은 거짓말이 아닌 사실이라고 대꾸하여, 아무도 그 딸을 차지할 수가 없었지 뭐야. 그러던 어느 날 한 총각이 찾아와 자신의 선조가 재상에게 돈을 빌려 주었으니 돈을 받으러 왔다 말했지. 재상은 무척 곤란해졌지 뭐야. 사실이라고 대답하면 빚을 갚아야 하고, 거짓이라고 하면 딸을 시집보내야 하는 곤경에 빠진 거야. 재상은 기분 좋게 껄껄껄 웃으며 최고의 거짓말이라 칭찬하였어. 결국 그 총각은 재상의 딸과 혼인해서 잘 먹고 잘 살았대.

말 잘하는 주인공에 관한 이야기라 그런지 지훈이는 재미있어 하며 잘 듣는다. 이 이야기를 듣고 지훈이는 이야기를 잘한다는 것이 뭔지 생각하기 시작했다.

: 스토리텔링 대화로
발전적인 새로운 스토리를 만들 수 있다 :

그 이후로 지훈이에게 몇 번 더 그런 이야기를 들려주었다. 그리고 엄마 아빠는 지훈이가 상대의 말을 들으려 1초만이라도 기다려 주는 태도를 보일 때마다 칭찬해 주었다.

"엄마 말을 잘 들어 주는구나. 고마워."

"네가 잘 들어 주니 기분이 좋아."

"너랑 더 많이 이야기하고 싶어."

"네가 들어 주면 말할 때 기분이 좋아."

이런 말들은 지훈이의 문제 행동을 수정하는 데 큰 도움이 되었다. 말을 많이 하다가도 상대가 말하려 하면 잠시 멈추고 들어줄 줄도 알고, '이제 네가 말 해.'라며 먼저 상대에게 말할 기회를 주는 기특한 모습도 보였다. 그러던 지훈이가 어느 날 재미있는 질문을 하였다.

"엄마, 말도 없이 남의 물건을 빌려 가는 아이에게 어떤 이야기를 들려주면 좋을까요? 아무리 하지 말라고 해도 말을 안 들어요. 정신이 번쩍 드는 이야기 좀 알려 주세요."

지훈이와 엄마 아빠는 모두 함께 책꽂이에서 이 책 저 책을 꺼내며 그 친구에게 어떤 이야기가 좋을지 찾기 시작했다. 그 날 저녁, 세 사람은 마치 이야기 치료를 위한 연구 자료를 찾는 것처럼 열심히 책꽂이를 뒤졌다고 한다.

아이의 문제 행동에 관한 협상을 해야 할 때, 관련 이야기를 들려주면 아이들의 머릿속 시나리오의 구성이 달라진다. 친구가 잘못하면 소리 지르고 화를 내거나 욕해야 한다는 시나리오를 가졌던 아이가 이젠 "너 왜 그래? 네가 그렇게 하면 기분 나쁘잖아. 사과해."라고 야무지게 말하고 사과를 받아낼 줄 알게 된다. 거짓말을 자주 하던 아이가 '청개구리' 이야기를 듣고 거짓말할 때 망설이기 시작하는 모습은 모두 이야기의 힘이다.

아이들과의 협상 목적은 아이가 바르게 자라도록 가르치고 깨닫게 하는 데 있다. 부모 마음대로 이끄는 게 아니라 스스로 깨닫고 성숙해지도록 도와주는 과정이다. 재미있고 좋은 이야기를 많이 아는 것이 인생의 지혜를 얻게 되는 지름길이라는 말이 있다. 스토리텔링 대화로 발전적인 새로운 스토리를 만드는 아이는 더 멋진 인생 이야기를 만들기 시작한다.

두 번째 열쇠

요구 속에 들어 있는
진짜 욕구를 찾아내는 협상 대화법

: 속을 알 수 없는 아이 :

3학년인 민혁이랑 게임을 하다 보면 늘 반복되는 일이 있다. 오늘도 민혁이와 아래층 사는 친구 주원이는 인생게임이라는 보드게임을 하다 게임규칙을 놓고 다툰다. 회전판을 돌려 주택을 구입하라는 지시가 나오면 플레이어는 주택을 사게 되는데, 그 이후 과정에 대해서 이견이 생긴 것이다. 민혁이는 주택을 구입한 후부터는 숫자 돌림판을 돌릴 때마다 주택증서에 쓰여 있는 돈을 은행에서 받을 수 있다는 주장이고, 주원이는 나중에 팔라고 하는 칸에 정지하게 될 때 돌림판을 돌려 그 숫자에 해당하는 돈을 받고 한번 팔면 끝이라는 주장이다. 점점 심각해져가는 분위기를 보다 못해 결국 엄마가 나서서 인터넷을 검색해 봤더니 주원이의 주장이 맞았다. 민혁이의 얼굴이 점점 더 붉어지더니 입을 꾹 다문 채로 있다가 자기 방으로 들어가서 저녁 식사 때에도 나오지 않았다. 엄마는 기가 막히다.

다음 날, 학교 늦겠다고 빨리 일어나라는 엄마의 재촉을 여러 번 듣고서야 민혁이는 무거운 몸을 일으켰다. 어젯밤 늦게 잠이 들기도 했고, 중간에 화장실 가느라고 두 번 깨고 또 거실에서 나는 텔레비전 소리에 또 깨고 하면서 어쩐지 잠을 하나도 못 잔 느낌이다. 일어나서 세수를 하고 식탁에 앉았어도 입이 깔깔하다. 평소에도 입이 까다롭고 예민한 민혁이인데 오늘 아침은 좋지 않은 몸 컨디션 때문인지 반찬 냄새며 국 냄새까지 유난히 싫어하며 투정을 하다가 결국 엄마에게 또 한소리 듣는다.

"민혁아! 밥 빨리 먹어야 해. 지금 반찬 투정할 때가 아니잖니. 시간 늦어. 이제 얼마 안 있으면 4학년인데 투정 좀 그만할 때도 되지 않았니? 빨리 밥 먹어!"

민혁이는 인상이 굳어져 밥도 먹는 둥 마는 둥 하고 책가방을 메고 현관문이 부서져라 닫으며 나가 버렸다. 도대체 무슨 생각을 하는지, 왜 사내 녀석이 툭하면 삐치고 우는지, 엄마는 답답하고 화만 난다.

: 요구와 욕구의 심포니(Symphony)를 잘 들어 보자 :

만일 추위에 떨고 있는 당신에게 지금 거리에 앉아 있는 걸인을 위해 겉옷 하나를 양보하라면 당신은 어떤 생각이 들겠는가? 배가 고픈 아이에게 엄마가 간식을 내어 주면서, 친구 사이에는 작은 것도 사이좋게 나눠 먹어야 하니 친구랑 같이 먹으라고 권한다면 아이는 어떤 마음이 들까?(물론 아이의 배를 채우고도 남을 만큼의 풍부한 간식거리가 있다면 좀 다를 수도 있다.) 솔직히 아이는 간식을 나눌 만한 마음의 여유를 내지 못할 것이고, 그런 자신의 상태와 마음을 알아주지 않는 엄마의 제안이 너무 야속할 것이다.

심리학자 에이브러햄 매슬로(Abraham H. Maslow)는 인간 행동의 동기를 욕구 위계 이론으로 설명했다. 인간의 욕구는 생리적 욕구, 안전의 욕구, 애정과 소속의 욕구, 자기존중의 욕구 그리고 자아실현의 욕구의 순서로 진행되며, 가장 기본적인 욕구를 충족하고 나면 다음 단계를 갈망하게 된다고 말했다. 그의 말처럼 우리는 가장 기본적인 욕구가 충족되지 않은 상태에서 다른 고차원적인 것들을 기대하는 것이 어렵다는 것을 수많은 경험을 통해 이미 알고 있다. 자기 조절력과 사회적 능력이 아직 미성숙한 아이들에게 있어서 그 원리는 더 선명하다. 그렇기 때문에 우리가 아이들과의 수많은 다툼과 갈등의 과정에서 결코 놓쳐서는 안 되는 것이 있다. 바로 우리 아이들이 원하는 것이 무엇인지를 정확하게 아는 것이다.

'요구'와 '욕구'에 대해 이야기할 때 자주 예로 드는 에피소드이다. 뜨거운 여름 낮, 심한 갈증을 느끼고 있는 어떤 사람이 음료수 가게에 들어가서 차가운 사이다 한 잔을 주문한다. 그런데 컵을 준비하고 냉장고를 열어본 점원이 당황한다. 때마침 사이다가 한 병도 없었던 것이다. 다른 탄산음료도 공교롭게 다 동이 났다. 점원은 고민 끝에 손님에게 다가가서 "손님. 저희 가게에 탄산음료가 다 떨어졌습니다. 죄송합니다."라고 말한다. 결국 손님은 뜨거운 거리로 나가 다른 가게를 찾아야 했다. 그 점원은 아마도 손님이 탄산음료를 원한다고 생각했을 터이고, 그 가게에서 손님이 원하는 바를 충족시켜 줄 수 없다고 판단하여 미안함을 담아 이야기했으리라. 그럴 수 있다. 그러나 한번 생각해 보자. 그게 최선이었을까? 사실 상황으로 보건대 꼭 그렇지 않았을 확률도 크다. 점원이 조금만 더 손님의 상태와 바람을 감지할 수 있었더라면 그보다 더 값비싼 '빙수'를 팔 수도 있었을 것이고, 손님은 더운 날에 다른 가게를 찾아 나서는 수고를 하지 않았을 수도 있지 않았을까.

이 에피소드에 바로 '요구'와 '욕구'의 개념이 들어 있다. 사람의 마음속에 담긴 욕구, 그리고 그 욕구를 실현시키기 위한 현실의 요구. 간혹 잘못된 조화를 이루기도 하지만, 욕구와 요구는 우리의 일상에서 하나의 심포니(Symphony)로 어우러지며, 이 심포니는 부모-

자녀 관계, 형제 관계를 비롯한 세상의 많은 사회적 관계라는 무대 위에서 펼쳐진다.

민혁이 이야기로 돌아가 보자. 민혁이는 어릴 적부터 상당히 예민하고 다루기가 쉽지 않은 아이였을 것이다. 텔레비전 소리에 잠을 설치거나 수면 중 자주 깨는 것, 좋은 신체 컨디션으로 아침을 맞지 못하는 것, 그리고 기분이 좋지 않을 때 불쾌한 냄새나 느낌에 더욱 예민해지는 것을 볼 때 그러하다.

민혁이는 화가 나고 짜증이 나도 그것을 입 밖으로 후련하게 쏟아내는 것이 어렵다. 주원이와 게임규칙 때문에 실랑이를 벌일 때에도 입안에서만 말이 맴돌 뿐이지 정작 엄마한테는 한 마디도 이야기하지 못했다. 사실 공정하게 중재한다고 하는 엄마의 행동 때문에 더 짜증이 나는 것 같았다. 민혁이는 무슨 말을 하고 싶었을까?

'아니란 말야! 분명히 지수 형이 그렇게 하는 거라고 알려 줬단 말야. 내가 지금까지 몇 번이나 지수형이랑 이 게임을 했었는데……. 오늘도 난 처음부터 그렇게 알고 게임을 했다고. 아, 그런데 주원이는 직접 매뉴얼을 읽어 봤다는데 지수 형이 아무리 게임을 잘해도 혹시 틀렸으면 어떡하지? 엄마는 왜 끼어들고 난리야. 우리가 알아서 하게 내버려두지. 나한테 뭐 유리하게 말할 것도 아니면서. 내 기분 같은 건 별로 생각도 안 하면서. 이러다 주원이랑 아예 못 놀게 되면 어떻게 하지? 누가 인터넷으로 찾는 거 모를까 봐!'

아침의 엄마 잔소리도 그랬다. 민혁이는 눈물도 나고, 고픈지 아픈지 모르겠는 배를 만지며 학교로 뛰어나갔다.

'배도 아프고, 밤에 텔레비전 소리 때문에 잠도 설치고, 피곤해 죽겠는데, 꼭 밥 먹을 때 엄마는 잔소리를 해야 하나? 그리고 내가 뭐 언제 매일 그랬다고 나만 뭐라고 그러는 거야? 동생이 반찬 투정할 때 한 번도 뭐라 안 그러고 계란 후라이도 해 주면서.'

이것이 민혁이가 입 밖으로 내지 못한 마음속 이야기였다.

: 네가 진짜로 원하는 것은 무엇이니? :

협상의 과정에서는 정서적, 행동적 표현으로 상호작용이 이루어지기 마련이다. 이 과정에서는 명료화된 두 사람의 요구가 표현되고, 그 요구를 공동으로 비교 혹은 저울질하여 넣고 빼는 작업을 하게 되며, 궁극적으로는 적절하게 양측 모두가 만족할 수 있는 지점에 합의한다. 물론 거기에다 공동의 합의 사항을 어김없이 준수할 것을 암묵적으로 약속한다.

그러한 협상 개념을 놓고 봤을 때, 친구와의 대립에서 시작된 갈등이 일어났을 때 보인 민혁이와 엄마의 상황은 무엇인가 석연치 않은 것이 있다. 아마도 엄마의 입장에서는 친구끼리 놀다가 다툼이 생기면 관계가 불편해질까 염려도 되고 또 아이들에게 도움이 필요한 상황이라고 생각해서 개입했을 것이다. 그런데 문제는 민혁이는 좀처럼 자기표현이나 주장을 하지 않는 아이라는 것이다. 상황이나 정도의 차이는 있지만 친구 간에서건 부모님과의 관계에서건 민혁이는 자신의 제안이나 주장을 입 밖으로 내지 않고 가만히 있다가 짜증으로 끝낸다. 엄마는 매번 벌어지는 이 상황이 답답하고 또 어찌 할 바를 몰라 속상하다. 결국 대부분 제대로 된 대화나 협상은 시작도 못해서 기분은 기분대로 상하고, 서로 원망만 쌓여가는 것 같다.

그러면 지금부터 민혁이의 마음을 한번 생각해 보자. 친구와의 게임 사건에서 민혁이는 어떤 마음이었을까?

'자존심 상하고 창피해!'
이웃 형에게 전해 들은 규칙이었고, 당연히 맞다고 확신하면서 친구에게 당당하게 주장하고 있었는데, 자신의 생각이 잘못된 것이라는 사실을 안 순간, 민혁이는 매우 당황했고 친구에게 부끄러웠다. 다음에 어떻게 말해야 할지 떠오르지 않았다. 친구 앞에서 바보가 된 기분이었다.

대립의 상황에서는 '좋고 나쁜, 이기고 지는, 맞고 틀린'과 같은 평가와 관련된 개념이 종종 등장한다. 그런데 '좋고, 이기고, 맞고' 와 같은 단어들은 우리를 즐겁고 기분 좋게 하지만 반대로 부정적인 평가와 관련한 '나쁜, 지는, 틀린' 등의 단어로 자신이 평가될 때는 누구나 즐거울 리 만무하다. 기분이 상하고 종종 수치스러운 느낌이 들 때, 대부분의 아이들은 협상에 대한 흥미와 의욕을 잃게 된다. 따라서 협상의 과정에서 아이를 긍정적인 방식으로 이끄는 동기부여가 반드시 필요하다. 그런데 결과적으로 민혁이 엄마는 민혁이에게 협상의 동기를 마련해 주는 것이 아닌 협상의 의지를 좌절시키는 실수를 범했다.

또 하나, 자신의 주장이 맞건 틀리건 아마도 민혁이는 엄마가 자신을 지지하고 믿어 주기를 원했을 것이다. 민혁이가 충분히 그럴 만한 이유가 있다고 엄마가 인정했을 때, 그리고 표현을 통해 확인되었을 때, 더 이상 민혁이는 실패에 대한 두려움이나 부끄러움으로 고민하지 않았을 것이다. 사실이나 결과와는 상관없이 이미 자신은 믿을만한 사람으로 확인되었기 때문이다.

"아, 민혁이는 지수 형한테 이 보드게임을 배웠구나. 그 형이 워낙 보드게임 도사지. 그래서 민혁이가 그렇게 얘기한 거구나. 아마 엄마라도 같았을 거야."

이런 경험이 몇 번 더 반복되면 민혁이는 더 이상 부끄러움이나 틀릴 것에 대한 두려움 없이 서로 다른 의견을 담담하게 비교하고 조율하면서 어떻게든 문제를 해결할 수 있다. 자신이 협상 테이블에 당당하게, 그리고 자신있게 들어서는 것으로부터 제대로 된 협상은 시작되는 것이니까.

'나도 할 수 있었는데……'

효능감과 성취감의 상실이다. 언쟁하다 정 안되면 인터넷을 활용하든 다른 방법을 활용하든 뭔가 해결책을 찾아냈을 수 있고, 또 그 후로도 더 놀 수도 있었을 텐데, 그럴 기회도 없이 그저 누가 옳고 누가 그른지 판가름하는 것으로 끝나 버렸다.

대표적인 사회학습 이론가인 반두라(Bandura)에 따르면, 자기 효능감(Self-efficacy)은 개인의 어떤 행동이 어떤 결과를 가져올 지를 예측하는 것, 즉, 내가 이렇게 행동하면 어떤 일이 일어날까를 예측하는 것과 내가 잘 해낼 수 있을 것인지 아니면 실패할 것인지의 여부를 평가하는 것과 관련이 있다고 한다. 학업 및 일상생활에서 그들에게 부여되는 다양한 과제를 스스로 해결하고 성취하는 경험을 얼마나 하느냐, 그리고 그들의 노력을 지지하고 또 믿어주는 안정적인 대인관계가 존재하는가가 매우 중요하다고 하였다.

민혁이의 다툼에서처럼 종종 부모와 자녀 간의 대립에서 일방적으로 부모가 협상안을 제시하고 자녀로 하여금 따라올 것을 요구한다거나, 친구들 간의 논쟁에 부모가 개입하여 서둘러 하나의 결론으로 협상 과정을 매듭지으려 하는 일들을 자주 목격한다. 협상 당사자들이 배제된 협상이 이루어진다는 것이다. 그런데 그렇게 진행된 협상은 엄밀하게 말하면 당사자들의 주체적인 행동의 결과는 아니다. 따라서 협상 결과에 대해서도 당사자들은 흔쾌하게 승복할 마음이 생기지 않는 것은 물론이고, 다음에 또 유사한 상황이 벌어지면 다시 원점이 되곤 한다.

결국, 바람직한 협상의 과정이란 당사자들의 노력과 수고의 과정이 수반되어서 협상의 당사자들로 하여금 무엇인가를 잘 해냈다는 만족감과 성취감, 그리고 효능감을 느낄 수 있도록 해야 한다는 것이다. 단, 부모가 친구들 간의 협상 과정을 지켜봐야 할 때, 협상의 궁극적인 목표, 예를 들면 결국 두 친구가 게임을 같이하는 것이라는 공동의 목표와 관심사에 주의를 기울이도록 유도하는 것과 원활한 협상이 되기 위해 굵직한 몇 가지의 '참조 틀'을 제시하는 것, 또한 부모의 도움이 필요할 때 성심성의껏 지원하겠다는 의지를 제시하는 것은 도움이 된다.

● **참조 틀의 예**

/ 발로 차면서 싸우거나 욕하지 않기

/ 순서대로 충분히 이야기하기

/ 친구의 이야기 끝까지 듣기

/ 약속한 협상 결과 지키기

: 아이는 사랑과 인정, 즐거움, 자유, 성취를 원한다 :

바람직한 협상의 과정은 사랑과 인정, 주도적이고 자유롭게 나의 마음과 생각을 표현하기, 그리고 서로의 요구를 적절하게 조율하는 과정이 있어야 한다. 이를 통해 결국 나와 상대방이 마음속에서 원하는 것을 성취하는, 즉 표면적인 요구를 넘어서 마음속 욕구를 실현하는 과정으로 이루어져야 한다.

도무지 자기표현을 잘하지 않는 민혁이 때문에 엄마는 제대로 된 협상을 시도조차 해 볼 수 없다고 생각했을 것이다. 아마도 민혁이가 자라면서 생각이나 느낌을 표현하는 연습이 부족했을 수도 있고, 또는 잦은 실패나 주변의 과도한 기대감으로 인해 소심하고 주눅이 들어 입을 닫는 것이 익숙해졌을 수도 있다. 그러나 민혁이처럼 자기표현을 안 하는 아이이건, 아니면 그 반대로 지나치게 표현이 과도한 아이이건 아이들은 누구나 현실에서 원하는 바가 분명히 있으며, 또 그것이 내면에서 채워지길 바라는 욕구가 당연히 존재한다.

결론은 우리 아이들이 자신의 요구를 당당히 말할 수 있는 수용적인 대화 분위기를 만드는 일, 그리고 그들이 실생활에서 내보이는 구체적인 요구를 통해 실현하고자 하는 내면의 욕구를 잘 꺼내 주고 가치 있는 것으로 인정해 주는 일, 그 작업이 바로 협상을 성공으로 이끄는 핵심적인 열쇠라는 것이다.

세 번째 열쇠

아이가 행복해지는 요소를 찾는 협상 대화법

: 우리 아이가 재미있어 하는 것은 무엇일까? :

민재는 중학교 3학년이다. 오늘도 민재는 방과 후에 친구들이랑 잠깐 운동장에 앉아서 게임 이야기를 하다가, 친구들이 학원을 가야 할 시간이 되어서 혼자 집으로 돌아온다. 그리고 잠깐 식탁에 앉아 과자를 먹으며 엄마가 써 놓으라고 한 독서 감상문을 단 10분 만에 끝내 버리고 컴퓨터 앞에 앉는다. 인터넷 뉴스도 검색하고, SNS도 들어가 노닥거리다가 게임도 한두 시간 한다. 저녁 8시 반경 엄마가 들어오시는 기척도 알아채지 못하다가 엄마의 고함 소리에 번쩍 정신이 들어 그때서야 자리에서 일어난다.

- 엄마 "또 게임했지? 진짜 지긋지긋하다. 독서 감상문은?"
- 민재 "저기. 책상 위에."
- 엄마 "밥은 어떻게 했어?"
- 민재 "먹었어요."
- 엄마 "뭐하고?"
- 민재 "그냥, 대충."
- 엄마 "밥 안 먹었지? 밥이 그대로 있네. 도대체 밥 먹는 것도 잊어버리고……. 중독이다. 중독!"
- 민재 "……."
- 엄마 "오늘 인터넷 강의는 얼마나 들었어?"
- 민재 "오늘은 시간이 없어서 아직 못 들었어."
- 엄마 "아. 엄마가 얘기했었잖아. 컴퓨터 하지 말라는 게 아니라고. 너 인터넷 강의 들으면 그 시간만큼 할 수 있게 해 준다고 했잖아. 잊었어? 그리고 시간이 없긴 왜 없어. 게임할 시간은 있고? 어휴. 이번 주말에 서울 외삼촌 오면 컴퓨터 못 들어가게 프로그램 깔거야. 그렇게 알고 있어."
- 민재 "아. 엄마……."

결국 주말에 외삼촌이 오셔서 컴퓨터에 조치를 해 놓았고, 며칠은 효과가 있었다. 민재가 보안 프로그램을 해제해 보려고 시도했지만 실패했기 때문이다. 그러나 딱 일주일이었다. 일주일 만에 민재가 결국 해내고 말았다. 해제한 첫날은 엄마도 모르고 지나갔다. 그러나 둘째 날, 엄마가 좀 일찍 퇴근하여 집에 들어오면서 컴퓨터 앞에서 신나게 게임에 몰입해 있는 민재를 발견했다. 엄마는 한숨이 나왔다. '아, 어찌하나. 어찌해야 하나.'

: 우리 아이가 좋아하는 것은 무엇일까? :

"좋아하는 것을 찾으세요. 좋아하는 것에 대한 마음은 사랑하는 이를 대하는 마음처럼 진실합니다. 아직 그런 것을 찾지 못했다면 계속 찾으세요. 누구나 좋아하는 것을 찾을 수 있습니다. 그러니 포기하지 마세요."

– 스티브 잡스(Steve Jobs)

중학생이 되면서부터 민재는 어릴 때와 달리 엄마와 일상적인 이야기는 거의 나누지 않는다. 그러나 게임 문제만 빼고는 여전히 겁이 많고 또 순한 편이어서 엄마를 많이 의지하고 또 비교적 순순하게 말을 듣는 편이다. 결국 민재를 이끌고 상담소를 찾게 되었고 엄마는 한바탕 하소연을 하신다.

엄마 "선생님, 아이가 게임 중독이에요. 아무래도 그런 거 같아요."

상담가 "얼마나 하는데요?"

엄마 "저 오기 전까지 하니까 적어도 하루에 네 시간 이상 하죠. 주말에는 더 하고요."

상담가 "게임 시간이 길긴 하네요. 그런데 보통 민재가 집에 오면 게임 하는 것 외에 뭘 하면서 지내나요? 그리고 평상시에 따로 학원이나 과외 또는 취미 활동 같은 걸 하는 게 있나요?"

엄마 "없어요. 작년에 종합반 학원을 6개월쯤 다녔는데, 돈만 버리고 하나도 나아진 것이 없어요. 애 아빠가 효과도 없는 걸 왜 그런데 돈을 쓰냐고, 그만하라고 해서 그만뒀어요. 책 읽기 좀 시킨다고 제가 매일 집에 있는 책 한 권씩 읽고 독서 감상문 쓰라고 하는 거 외엔 특별히 없어요. 독서 감상문은 매일매일 해 놓는 편이긴 한데, 그게 내용의 일부를 따서 말만 안 끊어지게 대충 엮어 놓은 수준이고요."

상담가 "그렇군요. 혹시 친하게 지내는 친구는 있나요? 만나 놀거나 집에 서로 오가는 친구는요?"

엄마 "아뇨. 없는 것 같아요. 학교에서만 얘기하고 놀고, 그런 것 같아요."

그런데 대화의 내용으로 짐작하겠지만 중요한 것이 빠졌다. 민재

: 135

에 대한 정보가 너무 없다. 사춘기에 들어서서 부모와의 대화가 줄어든 시기라 하여도 민재와의 대화를 위해서는 무엇보다도 민재를 알고 이해하는 것이 필요했다.

> **상담가** "어머님, 민재는 무엇에 관심이 있나요? 예를 들면 좋아하는 활동, 놀이, 일, 과목, 취미, 특기 같은 것들이요."
>
> **엄마** "그게 없다는 거예요. 도대체 별로 흥미 있는 것도 없고, 좋아하는 것도 없고……."

인간은 누구를 막론하고 어떤 것을 좋아하고 흥미를 느낄 때 그리고 재미있을 때, 가장 기쁘고 또 자발적으로 변한다. 당연히 협상을 해야 하는 부모의 입장에서는 아이들의 마음을 움직이게 하는 효과적인 방법을 아이들이 '재미있어 하고 즐거워하는 것'에서 찾을 수밖에 없는 이유이다. 그런데 민재 엄마는 그 점은 미처 생각지 못하고 계신 듯 했다. 엄마에게 제안을 했다. 집으로 가서 다음 만남 때까지 며칠 동안 민재가 '좋아하는 것, 하면 즐거운 것'의 목록을 만들어 오도록 하였다.

다음 방문 때, 엄마는 숙제를 들고 오셨다.(괄호 안의 숫자는 좋아하는 순위)

> <민재가 좋아하는 것/즐거운 것>
>
> - 먹는 것 (특히 치킨, 피자, 크로켓, 떡꼬치, 감자칩, 쟁반짜장, 탕수육)
> - 자전거 타기 (동네 한 바퀴. 너무 먼 곳에 가는 것은 싫음.)
> - 액션영화 보기 (공포영화는 별로임.)
> - 컴퓨터 게임하기 (어렵지 않고, 쉬운 게임) (3)
> - 엄마 아빠랑 밖으로 놀러가는 것 (2)
> - 엄마 아빠랑 외식하는 것 (1)
> - 친구들하고 문자나 채팅하는 것 (4)
> - 강아지 기르기 (5)

    엄마가 해 온 숙제를 같이 보면서 이야기를 나누었다. 숙제하면서 어떤 생각을 하셨는지, 그리고 새롭게 안 사실이 있는지 물었다. 뭐 특별하게 새롭거나 이상한 것은 없었다고 말씀하셨다. 처음에는 민재는 물론이고 엄마도 조금 어색했지만 시간이 지나면서 이야기하는 것이 차츰 편안해졌고 자연스럽게 이야기를 나눌 수 있었다고 한다. 그리고 컴퓨터 게임을 좋아하는 것은 맞지만 엄마 아빠랑 놀러가고 외식하는 것이 가장 재미있는 일이라고 답한 것에 대해서 조금 뜻밖이었다고 하셨다.

: 기분 좋아지는 보너스! :

민재 엄마의 이번 숙제는 민재의 관심사와 재미있어하는 것을 알아내는 것이었고, 숙제는 완성되었다. 그런데 여기서 값진 보너스가 있다. '민재를 위해서, 민재와 함께, 민재를 이해하는 작업'을 했고 이 작업을 하며 민재가 기분 좋아했고, 엄마는 엄마대로 오랜만에 야단치고 비난하는 대화가 아닌 기분 좋은 대화를 나눈 느낌이 들었다고 한다. 엄마는 어쩐지 잠깐 민재의 마음속을 들여다 본 느낌이 든다고 이야기하셨다. 이것은 모두에게 협상이 잘 이루어질 것 같은 좋은 예감이 들게 했다.

: 아이가 가장 소중하게 생각하는 것은 무엇일까? :

그 다음 단계로 엄마에게 민재가 지금 가장 소중하게 여기는 것을 찾는 대화를 나누고 오시라는 주문을 했다. 엄마는 첫 숙제를 받았을 때보다는 사뭇 가벼운 표정으로 한번 해 보겠다고 하시고는 궁금한 것 몇 가지를 확인하고 돌아가셨다. 그리고 며칠 후 다시 만나서 우리는 숙제에 대해 대화를 나누었다.

상담가 "민재가 가장 소중하게 생각하는 것을 좀 찾으셨나요?"

 엄마 "예. 민재랑 같이 좀 해 봤어요."

 상담가 "그런데 어떻게 하셨어요? 그냥 마주 앉아서 물어보셨어요?"

 엄마 "처음엔 그럴까 했는데 좀 막막하더라고요. 그래서 인터넷 보니까 무슨 '난파선 게임'이라는 것이 있더라고요. 배가 난파하는데 구조해야 할 승객의 순위를 정하고, 그 이유를 말하라는 게임이요."

 상담가 "아! 저도 알아요. 좋은 아이디어네요. 어머님."

 엄마 "저도 처음해 보는 것이고 전문가가 아니라서. 어쨌건 민재는 거기 승객 목록 중에서 '임신 8개월의 주부', '실직한 내 친구' 그리고 '존경받는 선생님'을 골랐어요."

 상담가 "이유는 뭐라고 얘기하던가요?"

 엄마 "민재가 원래 인정이 많아서 누가 뭐 해 달라고 하면 다 해 주고, 마음도 약하고 그래요. '아기까지 임신했는데 당연히 탈출시켜 줘야지.' 그러더라고요. 그리고 친한 친구를 뽑은 거에 대해서는 '친한 친구는 내가 좋아하니까.'라고 얘기했고, 선생님에 대해서는 존경받는 선생님이면 앞으로도 아이들에게 좋은 선생님일 테니까 필요하다고 하더라고요."

 상담가 "어떠셨어요?"

 엄마 "얘가 어떤 인물들을 뽑을지 대충은 예상했었어요. 그런데 확인을 하고 나니까 좀 이상한 기분이 들었어요. 마음이 안 좋더라고요. '애가 너무 착하기만 해서 어쩌지?' 하는 생각이 들기도 하고요."

엄마이기 때문에 민재가 소중하게 생각하는 가치에 대해서는 대략 예측을 하였고, 그 과정에서 민재에 대한 애틋한 마음을 느꼈다. 이 또한 가치 있는 보너스다. 엄마 또한 민재와의 협상에 협력하고 싶은 마음이 있었기 때문이다. 자! 이 정도면 둘이 서로 협상의 과정에서 상대를 두려워하거나 지나치게 고집피우지 않을 마음의 준비가 완료되었다. 이름 하여 '기본 세팅'이 되었다.

그렇다면 이제 민재와 엄마가 대립한 지점으로 들어가 보자. 구체적으로 협상할 내용은 바로 '민재의 컴퓨터 사용시간'이다. 이번에는 그래서 민재가 왜 컴퓨터를 그렇게 오랜 시간 동안 해야만 하는지 알아보기로 했다. 엄마는 민재가 가족들과 놀러가는 것을 좋아한다는 사실을 알고는 계셨지만, 왠지 밖에서는 이야기 나누기에 적합지 않을 수도 있을 것 같았다. 그래서 그냥 최신 영화 한편을 인터넷 TV에서 구매하여 배달 온 피자를 먹으며 대화를 나누기로 했다.

엄마 "민재야. 엄마가 매일 컴퓨터 강제로 못 하게 하고 날마다 야단치고 그러니까 밉지?"

민재 "응? 갑자기 왜 그래?"

엄마 "곰곰이 생각해 보니 미안해서 그러지. 엄마가 퇴근하고 오면 너무 피곤해서 어떨 땐 그냥 이성을 잃어. 이유 없이 너한테 폭발하는 거 가끔 보잖아."

민재 "아……. 뭘 새삼스럽게."

🧑 **엄마** "컴퓨터 게임 프로그래머 되고 싶니? 지훈이 형은 그거 한다고 매일 컴퓨터에 붙어산다고 하더라. 실력이 좋다나 봐. 너도 관심 있어?"

🧑 **민재** "아. 그 정도는 아니지만 좋아하긴 해. 내가 좀 잘하나? 이번에 내가 보안 뚫었잖아. 근데 그게 쉬운 건 아니래. 애들이 그러더라."

🧑 **엄마** "그래, 그 얘기는 외삼촌도 하시더라. 재주 좋다고. 그렇게 게임이 좋아?"

🧑 **민재** "아니 솔직히 게임도 재밌긴 한데. 근데 게임만 하는 건 아니고. 그리고 집에 있으면 할 게 없어. 애들이랑 학교 끝나고 한 시간도 못 놀아. 애들은 학원가니까. 난 안가고."

🧑 **엄마** "혹시 학원갈 생각이 있어? 지난번에 엄마가 학원 다니고 싶냐 물어봤을 때 안 간다고 해서 엄만 생각 안 하고 있었지. 엄마야 학원 다니면 공부도 보충하고 친구들도 있고 그래서 괜찮을 거라고 생각은 했었지."

🧑 **민재** "그런데 나 학원가면 솔직히 하나도 못 알아들어. 그리고 친구들이 있는 학원은 엄마가 이야기한 데가 아냐. 거긴 다른 학교 애들이 주로 다녀."

그런데 이번엔 대화를 통해 민재 엄마가 분명하게 안 것이 있다. 민재의 컴퓨터 시간이 과도한 것은 컴퓨터 중독이라기보다는 현실에서 그 즐거움을 대체할 것이 없기 때문이었다. 다음 단계는 그렇게 복잡하지도 않았다. 민재와의 대화를 통해 얻은 몇 가지를 염두에 두고 그대로 컴퓨터 사용시간 협상을 진행하면 되는 것이었다.

엄마 "아, 그랬구나. 네가 컴퓨터가 아닌 다른 마음에 드는 게 필요하겠구나. 그러면 시간을 줄이는 것도 어렵지 않다는 얘기지?"

민재 "맞아. 그래."

엄마 "그래. 어쨌든 넌 시간을 좀 더 즐겁게 보내고, 엄마는 네가 컴퓨터 게임 시간을 줄였으면 좋겠고. 이 두 가지를 다 할 수 있는 방법이 우리한테 필요한 거지?"

민재 "그렇지. 그런데 그런 게 없지. 아! 컴퓨터 학원? 근데 예전에 엄마가 한번 가라고 한 적 있는데 그땐 너무 먼 데였어. 그리고 그땐 컴퓨터에 지금처럼 관심이 있던 때가 아니었고."

엄마 "그럼 지금은 어때?"

민재 "무슨 초보자들만 있는 그런 복지관 같은데 말고. 전문적으로 배워서 기왕이면 자격증도 따고 싶어. 공부는 자신 없는데 컴퓨터 작업은 재밌기도 하고, 미리 따면 좋을 것 같기도 하고. 그런데 엄마, 난 먼 데는 안 가. 솔직히 귀찮아지면 오래 못 다닐 거 같아서."

그 뒤로 이야기가 좀 더 진행되어 민재와 엄마가 컴퓨터 학원을 같이 몇 군데 알아보고, 적당한 곳이 있으면 등록하여 다니는 것으로 합의하였다. 일주일에 학원 수업이 있는 며칠간은 민재도 엄마의 바람대로 컴퓨터를 쉴 터이고, 엄마와 민재 사이에서는 당분간 컴퓨터 학원을 다니면서 일어나는 여러 가지 대화거리가 생겨날 것이다.

이렇게 민재와 엄마의 컴퓨터 사용시간을 둘러싼 협상은 일단락 되었다. 그런대로 서로 결론도 만족스러웠고, 또 협상을 시작하고 진행하는 과정을 통해 민재와 엄마는 조금 더 말이 잘 통하는 사이가 되었다고 한다.

: 우리 아이의 강점을 존중하고 지지하고 있는가? :

위의 대화 곳곳에서 알 수 있듯이 민재는 공부는 잘 못하고 평범한 아이지만 도움이 필요한 사람을 돕고 싶어 하고, 친구를 좋아하는 따뜻한 마음의 소유자이다. 또한, 본인이 관심 있는 분야에서만큼은 다른 곳에서 보이는 민재의 모습과 매우 다른 모습이 나타난다. 정말 열심히 시도하고 탐구하는 열정을 보이는 것이다. 실제로 지금 민재의 컴퓨터 이해 능력은 독학을 통해 이룬 것이라고 했다. 순하고 어찌 보면 의지도 나약할 것 같아 보이는 아이지만 실제로 자신의 관심사에 대해서는 매우 집요하게 완결성을 추구하는 강점이 있었던 것이다. 미처 엄마가 알지도, 생각하지도 못한 민재의 모습이었다.

상담실을 찾는 많은 부모님들에게 "○○이는 굉장히 사교적이고 적극적이어서 단체 생활에서 활력소 역할을 합니다."라고 이야기하면 엄마들은 바로 말씀하신다.

"선생님. 그건 아는데, 우리 애는 좀 조용하고 신중하지 못해요."

민재 엄마는 아마도 민재의 강점에는 솔직히 관심이 없었을 것이다. 늘 컴퓨터 앞에 붙어서 시간을 보내는 민재의 모습이 너무 못마땅하고, 커서 어찌 되려나 한심하고 걱정스럽기만 했을 것이다. 그러나 결과적으로 '컴퓨터 전쟁'을 끝내고, 민재가 현재의 능력을 갈고 닦으며 자신의 미래를 준비하기 위한 대안이 바로 엄마가 늘 못마땅해하던 그 '컴퓨터'였다. 정확하게 얘기하면, 열정을 기울이고 싶어 하는 '과제집착 및 완결성'이라는 민재의 강점이야말로 협상의 일등공신이었는데, 이 일등공신이 민재에게는 컴퓨터란 녀석을 매개로 하여 발현되고 있었던 것이다. 바로 협상의 중요한 열쇠였다.

이제 한번쯤은 아이가 좋아하고 소중하게 생각하는 것에 진지하게 귀를 기울여 보자. 어쩌면 지금까지 볼 수 없었던 우리 아이의 빛나는 가치를 발견하는 지름길일지도 모르니 말이다.

네 번째 열쇠

강점을 알아내어
아이의 마음을 여는 협상 대화법

: 아이처럼 느끼고 생각하기 :

얼마 전부터 성은이의 행동이 좀 이상했다. 평소 조잘조잘 수다를 떠는 편인 성은이가 방에 틀어박혀 잘 나오지도 않고 학교에서 돌아오면 거의 잠만 자는 듯했다. 식사 때가 되어 밥 먹으라고 부르기라도 하면 괜히 짜증을 낸다. '학교에서 무슨 일이 있는 건가, 가족들이 모르는 나쁜 일이 일어나고 있는 건 아닌가.' 하는 염려 때문에 성은이의 부모님은 걱정이 커졌다. 근 한 달 가까이 그러더니 어느 날 난데없이 전학을 시켜 달란다. 지금 다니는 학교엔 안 가겠다고.

여기에 오기 전에 대도시 학교에 다녔었는데 학교 공부 따라가기도 어려워했고, 또 담임선생님과의 잦은 마찰로 성은이가 너무 힘들어했었다. 고민 끝에 불편한 생활을 감수하고 전학을 온지 불과 몇 달 만이다. 여름방학이 곧 다가오니 좀 여유를 갖고 성은이랑 얘기도 하면서 해결해야겠다고 생각은 했지만, 엄마는 벌써부터 머리가 지끈지끈 아프다.

사실 학교를 옮기는 일이 간단한 문제도 아니거니와, 분명 여기로 학교를 옮길 때도 함께 이야기하고 다짐 비슷한 것도 받고 결정한 것이기 때문에, 엄마는 이번 성은이의 요구가 못마땅하다. 어릴 적부터 고집이 세기도 했고, 아토피 때문에 고생이 워낙 심했기에 웬만한 건 다 들어 주었다. 공부 스트레스는 아예 줄 생각조차도 못 하고 지내왔다. 그런데 이렇게 성은이의 요구를 우선으로 배려한 것이 뭔가 부작용을 낳고 있는 것은 아닐까 하는 생각도 들었다. 학교가기 싫어하는 아이들에 대한 이런 저런 경험담이 실린 책도 찾아보고 인터넷도 검색하고, 주변 사람들에게 조언도 구하면서 성은이와 함께 할 여름방학 계획을 세우기 시작했다.

: 너는 어떤 생각을 하니? :

우선 엄마는 도대체 왜 성은이가 학교를 가기 싫다는 것인지 그 이유를 정확하게 알아야겠다고 생각했다. 날씨 좋은 어느 주말에 성은이와 엄마는 잠시 일이 있어 회사에 나가시는 아빠 차를 함께 타고 가서 회사 근처 공원에서 산책을 했다. 좋아하는 햄버거 가게에서 햄버거도 사고 김밥도 두 줄 샀다. 엄마는 점심을 먹으면서 성은이의 학교생활에 대해 이야기를 나누기 시작했다.

엄마 "그래. 지난번에 그런 얘기를 네가 했었지. 학교 안 간다고."

성은 "응……."

엄마 "친구들이 항상 너를 무시한다는 얘기였니?"

성은 "아니. 공부 시간이야 다 공부하니까 상관없고. 쉬는 시간이나 체육 시간."

엄마 "항상?"

성은 "뭐 가끔은 진영이랑 현수랑 게임 얘기를 하기도 하지. 근데 재수 없는 자식 때문에 엉망이야. 그 자식이 애들을 싹 몰고 다녀. 재수 없어."

엄마 "아. 그렇구나. 네가 별로 마음에 들지 않는 친구가 있구나."

성은 "그 자식도 얼마 전에 전학 왔는데, 잘난 척 무지 해. 애들한테 매일 자기가 좋아하는 피구만 하자고 하고. 걔 때문에 체육 시간에 계속 두 달 째 피구만 하고 있다는 거 아냐. 쳇!"

엄마 "선생님이 체육 시간에 종목을 바꿔가면서 하라고 하시지는 않아?"

성은 "선생님은 뭐 할지는 우리끼리 정하라고 하셔. 근데 그것도 짜증나. 너무 불공평한 거 아냐? 하고 싶은 거 돌아가면서 해야지!"

엄마 "선생님이 불공평한 것 같아서 화가 났구나."

성은 "맞아. 골고루 공평하게 해 주셔야 하잖아. 나 처음 전학 왔을 때는 나한테 잘 지내냐고 모르는 거 있냐고 친절하게 물어보시고, 항상 공평하게 하고 그러셨는데 좀 이상해졌어."

엄마 "너한테 관심이 없어졌다고 생각하고 있네. 참, 공부 시간에는 자주 엎드려 있니? 공부가 재미없니? 요즘 너무 어려운 단계를 나가니? 아니면 혹시 몸 어디가 안 좋은 거 아냐?"

성은 "재미없으니까 그러지. 수학은 들어도 몰라. 졸리기만 해. 국어도 집중이 안 돼."

엄마 "다른 시간은?"

성은 "사회는 재밌어. 음악하고 미술도 괜찮고."

여유 있는 휴일에 엄마와 함께 맛있는 것을 먹으며 대화를 나눈 덕분인지 처음 학교를 그만둔다는 얘기가 나왔을 때보다는 성은이의 감정이 조금은 차분해진 것 같이 느껴진다. 이 대화를 통해 엄마는 요즘 성은이의 상황과 마음을 조금 더 분명하게 이해할 수 있었다. 다행스럽게도 학교에서 실제로 심각한 따돌림이 벌어지고 있는 것은 아니었고, 이야기를 나누며 지내는 친구들은 여전히 있다. 그러나 문제는 전학 초기와 친구 관계의 양상에 약간의 변화가 있다. 그래서 성은이는 최근에 친구들과의 관계에서 자신이 더 이상 관심받고 있지 못하다는 생각을 하고 있다. 인기가 있는 어떤 친구는 게임도, 운동도 잘하고 사교적인데 자신은 그렇지 못해 부럽고 답답하다.

그리고 선생님이 더 이상 자신에게 관심을 가져 주지 않는다는 생각에 속상해하고 있다. 게다가 싫어하는 친구의 편을 드는 것 같이 느껴져서 화도 난다. 그리고 또 하나, 고학년이 될수록 아이들은 점차 학업에 부담을 많이 느낀다. 학교에서 학업성적이 좋지 않은 아이는 친구들이나 선생님으로부터 인정과 관심을 받지 못한다고 생각한다. 성은이 또한 학업성적에 대한 걱정이 계속되어 왔었고 여전히 부진한 교과목에 대해 어찌해야 할지 난감해하고 무력감을 느낀다.

요약해 보자. 최근에 성은이는 친구들과 담임선생님에게 관심받고 인정받고 싶은 욕구가 좌절되어 속상하고 화가 나 있다. 물론 자신이 화가 나는 이유는 오만한 친구와 공정성을 잃은 선생님 때문으로 돌리고 있다. 더불어 학업 자존감도 낮고 누적된 학업 실패를 통해 무기력감과 좌절감을 느끼고 있다.

: 아이의 마음을 움직이는 강점을 알아내는 힘 :

'우리의 진정한 비극은 우리가 충분히 강점을 갖고 있지 않다는 데 있지 않다. 오히려 갖고 있는 강점을 충분히 활용하지 못하고 있는 데 있다.'라고 말한 벤자민 프랭클린(Benjamin Franklin)의 이야기처럼, 우리는 약점을 보완하려고 애쓰는 것보다도 강점을 발휘하는 데 쓰이는 수고와 노력이 훨씬 덜 들어간다는 사실을 알고 있다.

실제로 미국의 한 빈민가 학교에서 기본적인 학습이 안 되는 것은 물론이고, 목적의식 없이 비행과 충동적인 행동을 하며, 학교에 제대로 출석하는 것 자체도 쉽지 않던 8학년 학생들을 대상으로 하여 획기적인 시범 프로그램을 실시하였다. 그것은 바로 신입생의 멘토 역할을 맡기는 것이었다. 그런데 효과는 예상 외로 빨리 나타났다. 프로그램에 참여한 학생들은 할 수 있다는 자신감과 기대감, 책임 의식을 갖게 되었고, 좌절감과 실패감에서 벗어나 적극적인 학습자로 급변했다. 더 놀라운 건 평소에 치명적인 약점이라고 여겨지던 것이 가장 강력한 강점으로 작용하게 되었다는 사실이다.

이 실화는 어떤 생각을 들게 하는가? 먼저, '자신감, 책임감, 기대감을 갖게 하는 데에 강점이 엄청 위력적일 수 있구나.'라는 생각이 들 것이다. 관계와 학습 모두에서 실패했다는 좌절감에 휩싸인 성은이에게 어쩌면 매우 효과적일 수 있는 작업이다.

그렇다면 '강점을 어떻게 찾아내지?'라는 숙제가 생긴다. 성은이 엄마는 다중지능, MBTI 성격검사, 피터슨과 셀리그만 강점 분류체계, 갤럽사의 스트렝스 파인더 등에 대한 정보와 그밖에 다양하게 소개되어 있는 장점 찾기 관련 책과 사이트를 검색하고 참고하여 성은이와 함께 강점찾기 작업을 시작했다.

사실 인터넷에 접속하여 시행할 수 있는 분류 체계 체크리스트를 그대로 사용하면, 내용이 체계적으로 잘 정리되어 쉽게 체크할 수 있다. 그런데 강점이 무엇인지를 확인하는 것 자체보다는, 무기력과 좌절에 빠진 성은이가 지금까지는 미처 발견하지 못했던 강점을 스스로 발견해 나가는 과정이 중요하다고 엄마는 생각했다. 그 과정에서 궁금해하고, 놀라고, 기뻐하고, 만족해하는 경험을 충분히 누리는 것에 초점을 둔 것이다. 그래서 다양한 방법 중에서 많이 쓰는 다음의 방법을 활용하기로 하고, '성은이의 강점'이라는 커다란 퍼즐그림을 맞춰나갈 준비를 했다.

> 1) 일상생활에서 성은이 자신이 자랑하고 싶고 뿌듯한 느낌이 드는 경험 목록 만들기
> → 자신이 지금까지 지내오면서 생각나는 사건이나 활동경험
> (자랑하고 싶은 또는 뿌듯함을 느꼈던 경험 리스트 작성하기)

> 2) 타인이 성은이에게 해 준 좋은 평가의 말 찾기
>   → 문자메시지, 이메일, SNS 등을 통해 묻고 답장 내용 취합하기
> 3) 가족이나 아주 친밀한 관계에 있는 사람들이 성은이에게 해 준 좋은 평가 찾기
>   → 자신과 아주 가깝고 친밀한 관계(주로 가족, 가까운 친지, 절친한 친구 등)에 있는 사람들이 해 주는 평가(잘한 일, 칭찬해 주고 싶은 일 등)

엄마 "성은아. 네 친구들한테 보낸 문자 답장 왔니? 네가 가장 잘하는 게 뭐냐고 물었었잖아."

성은 "아. 진욱이한테 왔어."

엄마 "그래? 뭐라고 왔어?"

성은 "작년 가을에 공개수업할 때, 내가 우리 모둠 발표했잖아. 그 때 열심히 잘했대. 준비도 잘하고."

엄마 "아. 그때 너 아토피 때문에 아팠었던 것 같은데. 엄마는 원래 다른 친구가 한다고 들었었는데 갑자기 바뀐 거 같더라."

성은 "응. 걔가 하기 싫다고 나한테 하라고 해서. 할 사람이 없고 발표자 빨리 적어서 내라고 선생님이 그러셔서 하겠다고 했었어."

엄마 "너 앞에 나가 발표하고 그러는 거 싫어하잖아. 스트레스 받는다고."

성은 "그렇지. 근데 그때는 할 사람이 나밖에 없었거든."

엄마 "그랬구나. 그러고 보니 네가 발표공포증 있다고 하더니, 어떨 땐 그렇지도 않은가 봐."

성은 "힘들지. 진짜 힘들어. 근데 내가 맡은 일은 어떻게든 해야 하니까. 게다가 모둠 숙제잖아."

엄마 "그렇구나. 성은이가 정말 책임감 있었구나. 진욱이가 그 얘기를 하는 거니?"

성은 "어. 그러더라고. 나도 잊고 있었는데, 생각해 보니 그랬었어."

엄마 "맞아. 네가 좀 부끄러움도 많이 타고, 나서는 거 싫어하지만 해야 할 일이라고 생각하면 꼭 마치는 좋은 점이 있었지. 그리고 책임 있게 해야 하는 일이면 더욱 열심히 잘 완수하려고 하고."

성은 "음, 내가 좀 그렇긴 하지?"

엄마 "지금은 어때?"

성은 "내가 할 일은 정확하게 하지. 애들도 그건 인정해. 넌 한번 마음먹은 건 꼭 한다고. 그리고 모둠활동도 열심히 한다고. 잘난 척도 안 하면서. 뭐 그건 선생님도 인정."

성은이 엄마는 첫 번째 작업으로 이전 학교에서 친구로 지내던 아이들, 그리고 지금 다니고 있는 태권도 도장 선후배들이 성은이에게 줄 수 있는 좋은 평가를 수집했다. 성은이는 이 과정을 통해 어떤 생각을 하고, 무엇을 얻었을까?

아마도 성은이는 이 대화를 하면서 자기도 모르게 한동안 자신에 대해 못마땅해하고 속상해하던 감정들을 잠시 잊고 즐거워할 수 있었을 것이다. 볼품없다고 생각했던 요즘 자신의 모습에 가려서 잊고 있었던 자신의 강점을 찾아낼 수 있었던 것이다. 그 대화를 마치고 엄마와 성은이는 친구의 문자메시지 내용과 대화 내용을 정리하였다. 그리고 큰 전지에 성은이의 전신을 그려 놓고 성은이의 몸에 장점 지도를 만들어 넣기 시작했다. 물론 이제 겨우 지도의 한 공간이 채워진 정도였지만 그래도 그 다음 날 성은이는 크게 투덜거리지 않고 등교했다.

: 친밀감과 성취감을 느끼게 하라 :

간혹 아이들이 길을 잃어 좌절하고 슬퍼할 때, 또는 어떻게 해야 할지 막막해할 때 다양한 방법으로 엄마는 아이들을 돕고자 한다. 사실 엄마들의 고민 해결을 도울 만한 방법이나 도구들은 유능한 학자와 교육가들에 의해 전문적이고 다양하게 잘 개발되어 있다. 그러나 관건은 이 방법을 어떻게 활용하고 적용하느냐에 있다. 이런 관점에서 볼 때, 성은이의 엄마는 지혜로운 선택을 했다.

첫 번째, 엄마는 관찰자나 지시자 혹은 대신 일을 해결해 주는 해결사의 역할이 아니라 같이 찾아내고, 의미에 대해 이야기를 나누며, 결과에 대해서 기뻐하는 동반자의 역할을 한 것이다. 만일 잘 만들어진 많은 항목의 체크리스트를 성은이에게 주면서 해 보라고 했으면 어땠을까? 모르긴 해도 아마 성은이는 머리에 들어오지도 않는 많은 항목에 나열된 용어들에 지레 짜증이 났을 수도 있었다. 엄마는 전학을 온 뒤로 만나지 못했던 예전 친구들에게 요즘 아이들이 즐겨 쓰는 방법으로 본인 스스로 질문하고 자료를 수집하도록 하여 성은이가 흥미와 기대감을 가지고 과정에 참여할 수 있도록 했다. 예전 친구의 말들을 수집하는 것은 성은이에게 신뢰가 가고 뿌듯한 감정을 일으켰을 것이다.

두 번째, 발견의 기쁨 뒤에 찾아낸 것들을 정리하는 사후 작업을 잘 진행했다. 서두르지 않고 하나하나 찾아낸 강점들을 분명하게 확인시켜 주려고 애썼으며, 공동의 작업을 통해 성은이의 장점 지도를 만들기 시작한 것은 자칫 시간이 지나면 흩어져 버릴 수 있는 정보들을 잘 조직화하여 분명하게 인식할 수 있도록 배려한 방법으로 보인다. 아마도 자신이 스스로 만들어 간 장점 지도를 자기 방 벽에 붙여 놓는다면 성은이는 볼 때마다 뿌듯해하며, 시간이 지나도 쉽게 잊지 않을 것이다.

이렇게 학교가기 싫어하는 성은이의 저항은 성은이가 긴 시간 동안 잊지 않을 '성은이만의 장점 퍼즐'을 완성하는 것으로 해결됐다.

다섯 번째 열쇠

좋은 생각을 찾아내어
행동을 바꾸는 협상 대화법

: 철없는 진주 :

중학교 1학년 진주 때문에 엄마는 괴롭다. 그 나이 또래 여자아이들이 열을 올리는 옷 문제, 연예인 문제는 진주와 엄마에게도 예외가 아니다.

진주 "엄마 이 옷 예쁘지?"

엄마 "야 이게 뭐니? 너무 짧아서 팬티 다 보이겠다."

진주 "요새 애들 다 이런 바지 입고 다녀."

엄마 "넌 다리가 굵고 짧은 편이라 안 어울려. 진주야."

진주 "그게 무슨 상관이야? 나보다 더 작은 애들도 다 입고 다닌단 말이야. 나만 바보 같은 옷 입고 다니고 있는 거 알아?"

엄마 "네 옷이 어디가 바보 같다고 그래? 그 옷 산지도 얼마 안 되었는데. 너 그때도 네가 입고 싶다고 졸라서 산 거잖아."

진주 "그땐 그랬지. 지금은 아니란 말이야. 지금 누가 그런 옷을 입어? 창피하게. 애들 입고 다니는 거 엄마도 보잖아."

엄마 "아, 그만해. 사고 싶다고 졸라서 사 놓고는 안 입고 박아 두고 있는 게 얼마나 많니? 어쨌든 이 옷은 안 돼."

진주 "그럼 왜 왔어?"

엄마 "그냥 윈도우 쇼핑하려고 온 거지. 엄마가 언제 산다고 하고 왔니?"

진주 "안 산다는 얘기도 안 했잖아. 항상 엄마 마음대로야."

진주의 마음에 드는, 그러나 엄마는 하나도 마음에 들지 않는 옷이 나타난 덕분에 엄마는 또 두세 시간 동안 진주의 성화를 견뎌야 했다. 결국 집에 와서까지 한바탕 큰소리가 나고서야, 진주는 방문을 쾅 닫고 들어가 버렸다.

그런데 진짜 다툼의 시작은 얼마 후 발생한 오디션 문제 때문이었다. 아이돌 그룹 X는 그야말로 진주의 우상이다. 진주는 초등학교 때부터 춤추고 노래하는 것을 즐겼다. 요즘도 틈만 나면 친구들이랑 노래방에 가서 X 노래에 맞춰 지칠 때까지 춤을 추기도 한다. 친구들도 진주가 춤을 잘 춘다고 이야기한다. 급기야 진주는 연예인이 되기 위해 오디션을 보겠다고 얼마 전부터 엄마를 보채기 시작했다. 가수가 되기 위해 무엇이라도 지금 할 수 있는 것을 해 보고 싶은 마음이 간절하다. 물론 엄마한테 이 요구는 말도 안 되는 일이다. 가수가 아무나 되는 거냐고. 가수가 되기 위해 몇 년씩 생고생을 해도 빛 보는 건 하늘의 별따기보다 어려울 거라고. 게다가 엄마가 보기엔 진주의 노래와 춤 실력은 솔직히 평범한 수준 정도라고 냉정하게 몰아쳤다. 화가 나고 자존심이 상할 대로 상한 진주는 엄마한테 소리친다.

"엄마는 지현이네 아줌마가 지현이 얘기할 때는 하고 싶은 대로 해 주는 게 좋다고 하고서는 왜 나한테는 그래? 완전 이중인격이야! 그리고 어떻게 말을 그렇게 해? 정말 짜증나!"

진주와 엄마에게는 어떤 문제가 생긴 걸까? 엄마는 기가 막히고 화가 난다. 외동딸 진주는 어릴 적부터 부모에게는 금지옥엽이었다. 공기업 직원인 아빠와 의류회사에 근무하다가 진주를 낳고 육아와 가사에만 전념하고 있는 엄마는 어릴 적부터 진주가 원하는 것은 거의 대부분 들어 주려고 했다. 그만큼 귀하고 예뻤다. 그런데 학년이 올라가는데도 엄마가 보기에 어째 진주는 어린아이 티를 벗지 못하는 것 같다. 사실, 몇 년 전 시댁에 큰 돈 들어갈 일이 있은 후로는 경제적인 상황도 예전 같지가 않다. 그나마 직장이 안정적인 진주 아빠 덕분에 집안이 큰 부침 없이 그런대로 평탄하게 흘러가는 중이나, 진주가 철없이 옷 타령할 때나 노래방에서 살다시피 할 때마다 '언제 철이 드나.' 하는 생각에 엄마는 너무 속상하다.

: 생각을 바꾸면 마음이 움직인다 :

청소년은 어떤 존재인가?

Ambivalence(모순, 반대감정의 양립)

Distancing(부모로부터의 거리)

Occupation(직업)

Loneliness(외로움)

Ego identity(자아 정체성)

Sexual exploration(성적 탐구)

Conceptualization(개념화)

Egocentric thinking(자기중심적 사고)

Narcissism(자아도취/자기애)

Communication(열광적인 의사소통)

Experiment(실험)

― 『상처받은 내면아이 치유』, 존 브래드쇼 저, 학지사

청소년기의 뇌세포에서 무슨 일이 벌어지고 있는지 연구하는 신경과학의 증거가 아니더라도, 우리는 청소년기에 뭔가 부글거리는 에너지로 충만해서 어른들이 아연실색하는 일들을 하고 다녔던 기억을 부정할 수 없다. '나는 누구이며, 어떻게 살아갈 것인가? 나의 미래는? 내가 할 수 있는 것은 무엇일까?'와 같이 '자아 정체성'을 갈구하는 질문들을 하고 산다. 그리고 그들은 꿈을 꾼다. 꿈과 이상은 우상을 만들어 내고 또 거기에 집착한다. 그리고 친구 따라 강남도 간다. 존 브래드쇼(John Bradshaw)의 표현을 빌리면 '또래집단 부모(Peer Group Parent)'의 시기인 것이다. 부모 대신 또래의 강력한 영향력 안으로 진입한다. 이 '또래집단 부모'의 영향력은 생각보다 엄청나게 강력해서 도저히 어른들이 받아들이고 이해할 수 없는 머리 모양, 옷 스타일, 심지어는 오락, 취미, 언어 사용까지 온전하게 동화되어 버린다. 그런데 진주 엄마는 딸 진주의 그 모습을 이해할 수 없다. 아니 용납할 수 없다는 표현이 맞을 것이다.

결국 진주와는 시간이 지날수록 점점 사이가 나빠졌고, 엄마는 뭔가 방책을 마련해야 했다. 진주 엄마는 청소년 상담센터를 찾아가 사춘기의 아이들이 보이는 모습에 대해 생각해 볼 기회를 가졌다. 그리고 타인을 인정하고 공감하는 의미와 방법에 대한 공부도 시작했다. 사실 지나고 보니 그랬다. 진주 엄마의 사춘기 시절 모습이 진주와 똑 닮았었다! 이제 엄마는 진주와 이야기를 나눠 보기로 했다.

엄마 "진주야. 어제는 미안해. 엄마가 소리 질러서. 너무 피곤하고 자주 다투다 보니까 네 생각에 대해 엄마가 너무 무심했던 거 같아."

진주 "뭐, 나도 다 잘한 건 아니니까."

엄마 "맞다. 우리가 좀 바보지?"

진주 "대들고 소리 지르고 한 거, 나도 별로 잘한 거 아니라고 생각해……. 그런데 정말 안 되는 거야? 나도 오디션에 꼭 붙는다고 장담하지는 않아. 엄마말대로 붙는다고 해도 뜨는 게 얼마나 어려운지는 나도 잘 알지."

엄마 "그런 생각도 하고 있었구나."

진주 "그래도 한번 해 보고 싶어."

엄마 "그런데 네가 아직 어려서 가수 오디션을 볼 수 있는 데가 있을까? 그럼 한번 찾아 봐."

진주 "정말? 안 알아봐서 모르겠는데 있을 수도 있고 어쩌면 엄마 말이 맞을 수도 있어. 어쨌건 잘은 모르겠어. 근데 엄마 갑자기 왜 이런 얘기해?"

엄마 "너 중학교 올라와서 성적이 잘 안 나와서 속상해하는 것 같았어. 엄마는 괜찮은데. 근데 너 속상해하는 거 보니까 네가 좀 더 공부에 신경을 써서 덜 속상해했으면 하는 마음이 있었어. 시험 전후에 엄청 스트레스 받고, 입맛도 떨어지고 그러잖아."

진주 "그렇지. 초등학교 때하고는 또 많이 다르더라고. 안 되는 과목은 점점 더 나빠지고. 유미는 시험공부 안 하고도 저번 중간고사 잘 봤어."

엄마 "그랬구나."

대화가 오디션에서 공부 이야기로 전환되기는 했지만 서로 연결되는 이야기이다. 진주도 아이돌이 된다는 게 결코 쉬운 일이 아니라는 것을 알고 있었고, 엄마가 생각하는 것만큼 현실 감각이 전혀 없는 아이가 아니었다. 오디션에 대해서도 그리 자세한 정보를 갖고 있지 않은 것을 봐서는 실제로 오디션을 보겠다는 생각이 절실한 건지 어떤 건지 확실치 않다. 다만 엄마의 생각에, 진주 스스로 자신이 지금 내세울 것이 없다는 생각을 하고 있고, 다른 아이들처럼 진주도 '내가 어떻게 살 것인지, 나는 무엇을 할 수 있는지.'라는 고민을 시작한 것은 분명해 보였다. 그리고 자신의 꿈인 연예인이 되는 문제에 대해 엄마와 심한 의견 차이가 있었고 서로 심한 말을 하다 보니, 자신을 전혀 이해해 주지 않는 엄마가 원망스러워 물러서고 싶지 않은 마음이 든 것이다. 그런데 신기하게도 그런 생각을 하는 순간 진주가 새삼 딱해 보인다.

'예전엔 진주랑 참 얘기도 많이 하고 잘 통한다고 생각했는데 어쩌다가 이렇게 되었을까?'

미래와 자신의 능력에 대한 불안감이 큰데, 엄마와 진전이 없는 전쟁을 하느라 무척 힘들었을 것을 생각하니, 미안하고 부끄러운 마음이 밀려왔다. 엄마는 진주한테 느끼던 서운함이나 분노가 조금은 잦아들었고, '이제는 진짜로 진주랑 이야기다운 이야기를 해 봐야겠다.'는 생각이 들었다.

: 아이의 행동에서 숨어 있는 좋은 의도를 찾아라 :

미국의 철학자이며 심리학자인 윌리엄 제임스(William James)는 타인으로부터 인정받고 싶어 하는 욕구가 인간 본성 중에 가장 큰 본성이라고 말했다. 우리는 타인에게 관심받고 싶어 하고 칭찬받고 싶어 하며, 타인으로 하여금 자신이 중요한 존재로 여겨지기를 원하는 욕구가 있다. 그렇다면 무엇 때문에 타인의 인정이 필요할까? 인정은 어떤 힘이 있는 것일까? 그것은 아마도 타인이 나를 인정하면, 기쁘고 긍정적인 감정을 느끼는 것은 물론, 나 자신에게 좋은 결과가 오도록 하는 마력을 발휘하기 때문일 것이다. 즉, 저 사람이 나를 인정해 준다고 느꼈을 때, 나는 너무나 기뻐서 저 사람이 원하는 것, 저 사람에게 도움이 될 만한 일이 있다면 기꺼이 할 수 있다는 생각을 한다는 것이다.

그렇다면 어떤 사람을 인정한다는 것은 실제 우리 삶에서 어떤 형태로 보여질 수 있을까? 그건 그리 어렵거나 특별한 기술은 아닐 것이다. 우리가 늘 강조하고 또 강조하고 있는 것이다.

"상대방을 있는 그대로 받아들이고, 상대방의 시각에서 상대방의 감정과 마음속 욕구까지 들으려고 노력하는 것."

진주 엄마는 생각했다. 아 그런데 어디서 많이 듣던 이야기이다. 그렇다. 다름 아닌 '공감과 경청'에 대한 정의이다. 그렇다면, 이 '공감과 경청'이 현실에서 적용할 수 있는 인정 욕구의 실현 방법이라면, 그래서 상대방이 기꺼이 내가 원하는 것에 동의할 마음이 생기게 할 수 있다면, 이건 그야말로 가치가 있겠다. 진주 엄마는 지금까지 진주를 바라보던 틀을 깨보기로 했다.

> **진주** "어차피 난 공부에는 소질이 없나 봐. 갈수록 수학은 더 모르겠고, 중간고사 때 독서실 가서 공부도 좀 했는데 성적은 더 떨어졌잖아."
>
> **엄마** "그건 잘 살펴봐야지. 기본을 보강해야 할 수도 있고, 네가 너무 긴장을 많이 하는 편이라 시험 때 네 실력 발휘가 안 됐을 수도 있어. 방법을 바꿔 보면 달라질 수도 있을 거야. 이제 시작한지 얼마 안 되었으니 너무 미리 단정하고 속상해하지 마."
>
> **진주** "그리고 나도 이제 중학생인데 앞으로 진로에 대해서도 고민을 시작해야 한대. 공부가 안 되면 자기 적성이나 능력을 잘 살펴봐야 한다고 그랬어."
>
> **엄마** "그렇구나. 너희들은 그런 얘기를 많이 하는가 보네."
>
> **진주** "솔직히 내가 뭘 잘할 수 있을지 모르겠어. 춤하고 노래는 내가 워낙 초등학교 때부터 좋아했었으니까 그거밖에 생각이 안 나. 솔직히 잘 모르겠어."
>
> **엄마** "진주야, 천천히 생각해도 괜찮아. 이제 중학교 막 시작했잖아."
>
> **진주** "요새 우리집 사정이 예전 같지 않은 거 같은데. 나도 이제 뭔가 잘하는 거, 하고 싶은 거를 정해서 미리 미리 준비해야 엄마 아빠가 걱정 안 하지."
>
> **엄마** "그런 생각까지 했어? 어이구, 우리 진주. 미안해. 엄마는 네가 그런 건 생각

도 못 하는 것 같아서 속으로 야속하고 그랬어."

진주 "학교에서 무슨 문장 만들기 하는데 내 소원에 돈 벌어서 엄마 아빠 가고 싶은 데로 여행 보내 주는 거라고 썼어. 아이돌 되면 돈 많이 번대."

엄마 "어이구, 돈 많이 벌어서 엄마 아빠 여행 보내 주려고 그 힘든 아이돌을 하려는 거였어? 정말 고맙다. 진주야."

진주 "될 수나 있어야 하는 거지 뭐. 하여튼 나 돈은 많이 벌어서 엄마 아빠 가고 싶은 데 여행 보내 줄게."

엄마는 이번 대화를 통해 진주의 마음에 있는 중요한 마음 하나를 읽을 수 있었다. 비록 아직은 좀 어설픈, 정교하게 계획되고 준비되지 않은 꿈과 소망이지만, 아이돌이 되고 싶은 가장 큰 목적 중에는 부모님에 대한 마음이 있었다는 것이다. 성공하는 자신을 보고 부모님이 기뻐하시고, 또 돈도 많이 벌어서 잘 살게 해 드리고 싶은 마음, 이것은 진주가 그간에 내보이지는 않았던 마음이었다. '얼마나 답답했을까. 엄마가 자신의 마음은 하나도 알아주지 않고 있었으니.' 엄마는 진심으로 진주가 고마웠다.

: 마음속 보물지도를 찾도록 하면 행동하기 시작한다 :

우리가 낯선 거리나 처음 가는 곳을 갈 때는 방향을 판단하고 위치를 판독해 주는 지도(地圖)가 필요하다. 미리 지도를 보는 것만으로도 그 지역의 지리나 지명에 대해 간접적으로 경험하게 되며, 실제로 그 지역에 도착했을 때는 거리에 붙어 있는 이정표나 도로 안내 표지판의 지명이 머릿속에 익숙하게 떠오를 것이다.

진주 엄마는 진주가 자신의 꿈을 마음에만 담고 있는 것이 아니라 구체적으로 언제 어떻게 꿈을 이루기 위한 행동을 할 것인지 적은 '꿈 지도'를 같이 만들기로 했다. 일종의 꿈을 실현하는 방법을 적은 포트폴리오 같은 것이다. 일명 '빨간 색 찾기' 실험. 미국 어느 지하철에서 실제로 이루어졌던 실험인데, 지하철에 탄지 일정 시간이 지난 다음에 타고 있던 사람들에게 지하철 내에 있는 빨간 색을 모두 찾아 보라고 했고, 또 다른 집단에게는 눈을 감고 '빨간색을 찾아야지.'라고 생각을 하고 나서 눈을 뜨고 찾아 보라고 했다. 두 집단의 결과는 크게 차이가 났다. 생각을 한번 미리 하고 눈을 뜬 사람들이 지하철 손잡이, 광고판, 시트의 무늬 등 곳곳에서 빨간색을 훨씬 더 많이 찾아낸 것이다. 자신이 원하는 것을 생각하면 그렇지 않을 때보다도 원했던 것들이 눈에 더 잘 띄고, 그러면 누구보다도 먼저 얻을 수 있는 기회가 늘어난다. 결과적으로 소망을 실현할 수 있는 가능성이 높아진다는 메시지가 담긴 실험이다.

  이 이야기를 듣고 엄마는 진주의 꿈에도 '꿈 로드맵', '꿈 지도'를 만들어 보기로 한 것이다. 눈으로 보고 항상 되뇌고 기억할 수 있는 '꿈 지도'를 만들어 걸어 놓는다면, 진주의 꿈이 더 현실화될 수도 있을 것 같았다. 이렇게 진주의 꿈 찾기를 지원하면서 긴 협상이 끝났다. 진주도 엄마에게 무조건 대들거나 자신의 생각이나 요구를 고집하는 일이 훨씬 줄어들었고, 엄마와 여러 가지 일들을 의논하기 시작했다.

> "청소년기 아이들이 하루는 부모의 존재를 증오하다가도 그 다음 날이면 그들과 진정으로 가슴속 깊은 대화를 하고 싶어 하는 것은 당연한 현상이다."
>
>   – 안나 프로이드(Anna Freud)

아이와 절대 해서는 안 되는 협상 대화법

/

모든 것이 협상의 주제가 될 수는 없다

아이와의 협상 대화에서
실패하는 이유

: 감정이 상하면 협상은 실패한다 :

"네 요구가 말이 된다고 생각하니?"

"네 의견을 말하라는데 왜 말을 안 하니? 답답해 죽겠네. 말 좀 하라고."

"그건 말이 안 돼. 다른 거 생각해 봐."

"가만 있어 봐. 엄마가 좋은 방법 생각해 볼게."

"엄마 말 좀 들어. 왜 이렇게 고집이 세니?"

모처럼 아이와 협상을 시작한다. 하지만 엄마 아빠 입에서 나오는 말은 평소 아이에게 잔소리하던 방식 그대로이다. 이제 아이는 협상이라는 가면을 쓴 잔소리에 이미 감정이 상했다. 협상이고 뭐고 자신을 더 괴롭히기만 하는 것 같다. "그냥 하던 대로 하세요."라고 말하고만 싶다. 이 협상, 완전히 실패했다.

'아이는 가장 어려운 협상 상대'라는 말처럼 정작 협상을 시도했지만 성공하기보다 실패하는 경우가 더 많다. 협상에 실패하는 첫 번째 이유는 아이의 감정이 상했기 때문이다. 부모 자식 간의 협상에서 '아이의 의견을 존중해야지.'라고 생각하지만 이미 몸에 밴 언어 습관이 그리 만만치가 않다. 그래서 아이는 이 협상이 이전의 잔소리하고 어떤 차이가 있는지 알아채기 어렵다. 결국엔 엄마 아빠가 원하는 대로 결정하게 될 거라 생각한다. 아이의 마음도 존중하겠다고 말해 놓고선 결국엔 예전과 똑같이 한다면 아이의 감정은 이미 상하기 시작한다. 엄마 아빠 마음대로 하려고 자기를 조종했다는 느낌도 들고, 결국엔 부모의 의견에 동의할 수밖에 없는 상황이 막막하고 힘들기만 하다. 이럴 때 아이의 느낌은 '나를 무시한다. 이해해주지 못한다. 막막하다. 소용없다.' 뿐이 아닐까? 말로는 합의를 했다 해도 이렇게 아이의 감정이 상했다면 사실상 협상에 성공하지 못한 것이다.

반대로 협상 과정에서 부모가 감정이 상할 수도 있다. 아이가 제대로 말하지도 않거나 말도 안 되는 것으로 우기는 경우이다. 뭔가 똑 부러진 느낌이 나야 하는데 아이가 그렇지 못할 때면 실망하게 된다.

혹시 부모가 감정이 상했다 해도 잠시 그 기분을 접어 두자. 그건 부부가 따로 이야기를 나누며 풀기 바란다. 협상 과정에서 아이 마음이 상했다고 해도 충분히 공감해 주기 바란다. 상한 감정을 그대로 방치해 버리면 이제 협상은 물 건너간 것이다.

: 공평한 게 정말 공평한 걸까? :

협상이 실패하는 또 한 가지 중요한 이유는 기본적인 가치관에 관한 문제이다. 각각의 사안들에 대해 기본적인 신념과 가치관이 차이가 있기에 아무리 좋은 협상 방법을 사용해도 협상이 성공하는 것은 쉬운 일이 아니다. 부모 자식 간, 부부간에도 서로가 가진 가치관은 다를 수 있다. 따라서 서로 다른 생각을 하고 있다면 상대를 설득하기가 여간 어렵지 않다. 자세히 살펴보자.

여섯 조각짜리 피자 한 판이 있다. 두 형제가 나누어 먹으려 한다. 동생은 자신도 형과 똑같이 세 조각을 먹어야 한다고 생각한다. 형은 당연히 자기가 더 먹어야 한다고 생각한다. 이럴 경우 엄마가 큰 아이를 조금 더 주어야 한다고 생각하든, 두 아이에게 똑같이 주어야 한다고 생각하든 분명 한쪽은 불만스럽다. 협상이 성공하기 어렵다. 형을 설득하기 위해 아마 또 다른 보상을 추가로 줘야 할지도 모른다. 그러니 성공적인 협상을 위해서는 서로의 기본적 가치관이 어떤지 평소 자주 이야기를 나누어 보면 좋겠다. 혹은 부모로서 아이에게 어떤 가치관을 강조하고 싶은지, 어떤 규칙을 가족의 규칙으로 정해서 아이들에게 가르칠 것인지 생각이 정리될 필요가 있다. 만약 형이 더 많이 먹는 규칙을 동생에게 가르치고 싶다면 한 조각은 엄마가 먹겠다며 가져가는 게 더 낫지 않을까? 4:2는 너무 큰 차이라 동생이 수긍하기 어렵지만 3:2 정도면 어느 정도 동생도 수용할 수 있을 테니 말이다.

가치관의 차이는 협상이 실패하는 이유에서 늘 큰 몫을 차지한다. 서양의 문화와 생활방식이 큰 부분을 차지하고 있으면서도 여전히 전통적인 가치관도 내재해 있는 상황에서 이에 대한 자각과 이해가 없다면 협상은 성공하기 어렵다. 좀 다른 이야기이지만 부모의 재산을 상속하는 법에서 형제자매는 이제 동등한 권리를 갖는다. 장남이라고 더 가질 수 없다. 법적으로는 장남, 차남, 딸 할 것 없이 동등하게 권리를 갖는다. 하지만 관습적으로는 여전히 장남이 좀 더 가져야 할 것 같은 통념이 존재한다. 이 통념으로 인해 많은 경우 상속 분쟁이 생기고 있는 현실이다. 이제 아이와의 협상에서 우리나라의 전통적인 가치관을 어느 정도 적용해야 할지의 원칙과 가치를 정하는 과제가 남는다. 부모와 아이가 각각 중요하게 생각하는 가치와 신념 체계에 대해서, 우리 아이가 만들어 가고 있는 가치관은 왜 부모와 다른지를 생각해 보고, 어떻게 합의점을 찾아갈지에 대해 고민할 때이다.

반드시 지켜야 할 것들을
협상해서는 안 된다

: 아이가 자라면서 꼭 지켜야 할 것들 :

'우리 아이가 이런 아이로 자라길 바란다.'는 생각의 밑바탕에는 아이가 꼭 지켜야 할 것들에 대한 크고 작은 신념이 자리 잡고 있다. 아주 사소한 행동의 규칙부터 종교 문제 같이 삶의 원칙에 해당하는 큰 문제까지 분명 부모의 마음속에서 이미 지켜야 할 기준선과 넘어서는 안 될 제한선이 존재한다. 아이가 꼭 지켜야 할 식사 예절도 있고, 어른들 앞에서 보여야 할 행동 예절도 있다. 유치원과 학교에서, 선생님과 친구와의 관계에서 아이가 어떤 모습을 보여야 할지에 대한 기준도 있다. 특히 학습에 관해선 더 많은 규칙이 존재한다. 절대

하면 안 되는 것들은 또 얼마나 많은가? 때려서도 안 되고 욕해서도 안 된다. 욕심 부리면 안 되고 바보같이 양보만 해서도 안 된다. 시끄럽게 떠들어도 안 되지만 아무 말도 못 하는 것도 절대 안 된다. 자신이 얼마나 많은 기준과 원칙을 가지고 있는지 알고 싶다면 아래의 표를 한번 채워 넣어 보자.

꼭 해야 하는 행동	절대 하면 안 되는 행동
인사 예절	욕하기
식사 예절	때리기
숙제	컴퓨터 게임
친구와 사이좋게 지내기	스마트폰 게임

이 표를 작성해 보면 부부간에도 생각의 기준이 다름을 알 수 있다. 아빠는 사내아이가 화날 땐 친구를 한 대 때려도 된다고 생각하는데, 엄마는 절대 안 된다고 생각한다. 엄마는 게임 금지인데 아빠는 아이들이 좋아하는 거니 어느 정도 허용해야 한다고 생각하기도 한다.

우리 아이가 어떤 것을 지키며 살기를 바라는지 한눈에 보이는가? 그런데 한번 생각해 보자. 이 모든 걸 다 할 수 있는 아이로 자라는 게 가능한 일일까? 부모의 바람이 어쩌면 절대적 기준, 완벽한 인간이길 바라는 건 아닌지 생각해 볼 일이다. 물론 아이가 자라면서 꼭 지켜야 할 기준을 세우는 일은 정말 중요하다. 하지만 자신도 모르는 사이 아이에게 너무 많은 것을 요구하고 있다는 사실을 알았으면 좋겠다.

아이가 자라면서 꼭 지켜야 할 것들은 무척 많다. 이런 건 기본적으로 협상의 대상이 아니다. 그 원칙과 목표를 이루기 위한 방법적인 면에서의 협상이 가능한 것이다. 그런데 의외로 목표는 분명한데 방법은 부모의 방식을 고수하느라 아이와 협상하지 못하는 부모가 너무 많다. 숙제를 언제 할지에 대한 문제가 대표적이다. 아이가 원하는 것도 부모가 원하는 것도 모두 숙제를 잘해가는 것이다. 목표는 같은데 생각하는 방식은 다르다. 이럴 때 협상이 필요하다. 숙제에 관한 원칙은 협상할 수 없는 것이고, 숙제를 하는 방법은 협상할 수 있는 것이다. 이런 것을 헷갈려서 아이와 불필요한 갈등을 겪는 경우가 너무 많다.

: 절대 허용하면 안 되는 것 :

5살 여진이의 엄마 아빠는 맞벌이 부모이다. 할머니가 돌봐 주시는 긴 시간 동안 아이가 스마트폰을 가지고 노는 일이 자주 있었다. 어느 순간부터 여진이는 스마트폰을 조작하는 일이 할머니보다 능숙해졌다. 어른들이 뭔가를 해야 하거나 아이가 얌전히 있기를 바랄 때, 여진이에게 스마트폰을 쥐어 주는 일이 자연스럽다. 그런데 5살이 되어 어린이집에 다니기 시작하면서 문제가 발생했다. 친구들과 잘 어울리지 않았으며 선생님이 책상 위에 올려놓은 스마트폰만 가지고 놀았다. 집에서도 스마트폰을 주지 않으면 밥도 먹지 않겠다고 떼를 쓰거나 어떨 땐 소리 지르며 울고 엄마를 때리기도 했다. 어느새 심각한 문제 행동을 가진 아이가 되어 버렸다. 여진이 엄마는 공연히 여진이 할머니가 원망스럽다.

전문가들은 영유아기에 스마트폰에 노출되면 뇌 발달이 저해되고 성장과 발달에 부정적 영향을 끼친다고 경고하고 있다. 그러나 부모들은 '스마트폰 육아'의 유혹에서 벗어나기 어렵다. 게다가 합리적인 변명거리도 있다. 교육용 프로그램이 많다는 것이다. 그걸 활용해서 아이에게 한글을 가르치거나 수학놀이를 하면 아이들은 열심히 잘한다. 그러니 게임만 못 하게 한다면 교육적 목적으로 사용하는 건 나쁘지 않다고 생각한다. 이는 스마트폰에 대해 너무 낭만적인 태도이다. 당신은 스마트폰 육아에 대해 어떻게 생각하는가?

실제로 육아정책연구소가 서울·경기 지역 0~5살 영유아를 둔 부모들을 대상으로 조사한 결과, 미디어에 중독된 영유아들은 대체적으로 정서·사회성 발달이 지체되고 있는 것으로 나타났다. 스마트폰이 사랑하는 우리 아이의 건강한 발달을 저해하고 있다는 말이다.

스마트폰 사용을 협상의 대상으로 삼는다는 것은 지금 당장의 편리를 위해 더 큰 위험을 부르고 있다는 사실을 잊으면 안 된다. 스마트폰은 협상의 대상이 아니다. 사랑하는 아이를 키우는 일에서 스마트폰은 멀찌감치 떨어뜨려 놓기 바란다.

협상과 보상 구분하기

: 협상과 보상은 다르다 :

　협상하라고 하면 언뜻 보상을 생각하는 경우가 더 많다. 결론부터 말하자면 협상은 보상과 엄연히 다르다. 말의 뜻을 그대로 따져 보자. 보상이란 특정 행동에 대해 주어지는 대가를 말한다. 대가를 지불하는 행동은 그 행동을 하는 사람의 근본적인 마음가짐을 다르게 한다. 한마디로 행동의 본질이 달라진다는 의미이다. 아이에게 긍정적 행동을 위한 대가를 지불한다면 결과적으로 그 행동은 아이가 자신을 성장시키기 위해 하는 자발적 행동이 아니기 때문에, 결국엔 자기 동기가 되기는 어렵다.

학습 심리학에서의 보상은 긍정적 행동을 일으키는 정적강화라 할 수 있다. 금전적인 대가나 자신이 원하는 음식, 장난감 같은 물건이 되기도 한다. 이 이론을 바탕으로 부모는 아이가 긍정적 행동을 할 때마다 스티커를 붙여 주고 일정 수가 채워지면 아이가 원하는 선물을 주기도 한다. 대표적인 보상 방법이다. 부모뿐만 아니라 어린이집, 유치원에서도 이 방법을 사용하고 학교와 학원에서도 활용한다. 그만큼 가장 일반적이고 대중적으로 알려진 방법이다. 적당한 보상을 통해 아이가 긍정적인 행동을 하게 하고 일정 시간이 지나면 보상물이 사라져도 그 행동이 유지가 된다는 원리이다.

그러나 예상과는 전혀 다른 방향으로 진행되어 부작용이 생기는 경우가 많다. 아이들이 잘 놀던 놀이터에서 이제부터 놀 때마다 500원씩 준다고 하였더니 아이들이 더 신나게 놀았다. 일정 기간 후 더 이상 돈을 주지 않겠다고 하니 아이들은 다시는 여기서 놀지 않겠다며 가 버렸다는 실험 결과가 있다. 보상물이 주는 부작용에 대해 부모들에게 경종을 울린다.

협상은 서로 존중하는 관계를 바탕으로 서로가 만족하는 방법을 함께 찾아간다는 인간존중의 개념을 바탕으로 하고 있다. 보상이란 더 힘 있고 능력 있는 사람이 힘이 없고 능력 없는 사람에게 대가를 지불하는 방식일 뿐이다. 결국 보상으로는 아이를 성장하게 하는 자기만족과 성취감을 얻기 어렵다. 협상할 줄 아는 아이는 자신의 의견이 받아들여지고 시행되는 과정에서 엄청난 성취감과 뿌듯함을 느낀다. 자신의 의견을 부모가 존중하고, 채택되어 함께 실천하는 과정에서 아이는 어디에서도 얻지 못한 가장 소중한 자존감을 높이게 되는 것이다. 이래도 아직 보상에 연연하고 협상을 미루겠는가?

: 협상 과정이 곧바로 심리적 보상이 된다 :

성공적인 협상은 그 과정 자체가 심리적 보상이 된다. 생각해 보자. 아이의 일상은 늘 엄마 아빠의 지시대로, 명령대로 수행해야 하는 것들이 대부분이다. 의무와 부담, 숙제만 산더미 같은 삶을 살고 있다. 아이들의 생활은 하루 종일 그렇게 이어진다. 이 과정에서 아이가 즐거움, 행복을 느낄 겨를이 그리 많지 않다. 아이가 원하는 레고 장난감을 보상 조건으로 걸었더니 그걸 얻으려는 욕심에 열심히 공부하기도 한다. 이런 모습을 보는 부모의 마음도 편치는 않다. 자신이 알아서 척척 해야 할 일에 하나하나 보상을 줘야 하고 있으니 언제까지 이래야 하나 하는 생각이 더 커진다. 그렇다면 반대로 자발적으로 숙제를 하거나 시험을 준비해서 주도적으로 공부하는 아이들은 왜 그런 것일까? 어떻게 하면 내 아이도 저런 아이처럼 될수 있을까? 그 아이들은 도대체 언제 어떤 보상을 받기에 힘든 것도 거뜬히 해낼 수 있는지 살펴보자.

'자기 주도적 학습자', '자발적 성취자'인 아이들의 일상을 보면 어떤 일에 대한 물질적 보상을 받기보다 과정에서 아이가 받는 심리적 만족감이 더 큰 힘을 발휘한다는 사실을 알 수 있다. 수업 시간에 발표를 했더니 선생님이 잘했다고 칭찬해 주신다. 미술 시간에 그림을 그렸더니 친구들이 잘 그렸다고 부러워한다. 심심해서 친구에게 같이 놀자며 말을 걸었더니 거절하는 친구가 거의 없다. 조별 활동하는데 의견을 내었더니 친구들이 대부분 동의하고 어느새 자신이 리더 역할을 하고 있다. 아이는 자기 자신에 대해 스스로 대견스럽고 자신감이 생긴다. 앞으로도 이렇게 할 수 있을 것 같은 기대감도 얻는다.

우리 아이가 이런 모습을 가진 아이로 성장하려면 집에서부터 부모 자식 간에 연습이 되어야 한다. 부모의 바람직한 행동이 자발적이고 주도적인 아이를 만든다. 이제부터 우리가 해야 할 일은 그런 과정을 연습하고 실행해 보는 직접 체험이다. 부모 자식 간의 협상은 이런 의미가 숨어 있다. 아이와 제대로 된 협상을 한다면 아이는 자신의 의견이 존중받는 경험을 한다. 자신이 거절하면 그 의견조차 인정해 주고 다른 창의적 대안을 찾는다. 혹시나 하고 떠오른 생각을 말했더니 좋은 아이디어라며 칭찬받는다. 자신이 꽤 능력 있고 쓸모 있는 사람이라는 느낌이 마음 깊은 곳에서부터 차오른다.

제대로 된 협상 과정에서 느끼는 심리적 만족감이 바로 보상이 된다. 숙제나 공부를 시키려고 물질적 보상을 주는 기계적 행동 수정과는 정말 다르다. 사람은 생각하는 존재이지만 자신이 경험하는 대로 생각하게 되는 경향이 강하다. 존중받으면 자신과 세상을 존중하는 아이로 자라고, 비난받고 지시만 받으면 자신은 비난받는 존재, 뭔가를 시켜야만 하는 존재로 인식하고 그대로 자란다. 아이의 마음속 이야기를 듣다 보면 이렇게 치명적인 사실들을 발견하게 된다.

: 협상 과정의 보상은 양자 모두에게 :

보상에 길들여져 있는 아이들은 합의된 행동을 실천할 때 자기 자신을 위해서가 아니라 부모를 위해서 해 준다는 느낌의 태도를 취한다. 이럴 땐 분명하게 말할 필요가 있다.

"네가 결정한 일을 잘 지키는 건 엄마 아빠도 기쁜 일이야. 하지만 분명한 것은 엄마 아빠를 위한 것이 아니라 너 자신을 위한 것이라는 걸 잘 기억하기 바래."

부모는 아이가 합의된 사항을 잘 지키면 무언가 보상을 해 주고 싶다. 그렇다면 미리 조건을 내거는 방식이 아니라 갑자기 예정되지 않은 서프라이즈 선물을 주면 좋겠다. 이건 보상이 아니라 선물이다. 이럴 때도 가능하면 물리적인 것보다 심리적 선물을 선택하기 바란다. 아이가 정말 원했던 여행을 가거나 특별한 외식을 한다거나 좋아하는 친구들을 초대해서 즐겁게 놀게 해 주는 방식이 좋다.

보상을 받는 수동적 역할이 아니라 아이 자신이 부모님께 선물을 줄 수 있는 중요한 존재라는 사실도 깨닫도록 도와주자.

"우리가 함께 협의했고, 너만 잘 지킨 게 아니라 엄마 아빠도 잘 지켰어. 넌 엄마 아빠한테 어떤 선물을 해 줄 거야?"

아이에게 요청하기 바란다. 아이는 부모의 보호를 받는 존재이지만, 자신이 부모에게 중요한 사람이 되고 싶은 마음도 무척 크다. 자신이 뭔가를 해 줄 수 있다는 느낌은 매우 소중하다. 유명해진 많은 사람들이 자신이 성공해서 가장 기뻤던 순간을 물어보면 누구나 이렇게 말한다. "제가 부모님께 뭔가를 해 드릴 수 있게 되어서 너무 기뻤어요."

어린아이들도 마찬가지이다. 가벼운 안마에서부터 엄마 아빠에게 보내는 사랑과 격려의 편지도 아이가 주는 선물이 될 수 있다. 어떤 아이는 자신이 선물을 받았을 때보다 선물을 주었을 때 더 뿌듯해한다. 그 모습 참 보기 예쁘다.

협상 대화를 통해
선택하고 책임지는 훈련하기

: 따를 때와 협상할 때를 구분할 줄 아는 아이 :

어릴 적엔 혼내면 고개를 숙이고 눈물 흘리며 반성하던 아이가 어느새 빳빳이 고개를 들고 두 눈으로 부모를 노려본다. 싫다고 고집을 부리거나 마음대로 하겠다며 억지를 부린다. 이렇게 자기주장이 나타나기 시작하면 부모가 먼저 떠오르는 단어는 '아이의 반항'이다. 이렇게 아이의 반항심이 느껴지면 부모는 '더 이상 협상을 미루면 안 되는구나.'라는 생각을 가져야 한다. 물론 앞에서도 말했듯이 아이가 당연히 해야 할 일에 대해서는 협상하는 게 아니다.

민주적인 부모가 되기 위해 지금의 부모들은 참 많은 노력을 해

왔다. 아이의 자신감과 자존감을 높이고 기를 살리기 위해 아이에게 많은 것을 허용하고 아이를 존중해 줬는데, 사회적으로는 아이들이 버릇없고 자기만 안다는 비난의 소리가 높다. 왜 이런 부작용이 나타날까? 민주적이라는 말은 상황이나 맥락에 상관없이 아이의 의견을 존중해 주는 것이 아니다. 선택이론의 창시자인 윌리엄 글라써(William Glasser)가 말한 대로 '자신의 욕구를 충족시키되 남의 욕구를 방해하지 않아야' 진정한 민주적 부모가 된다.

자신의 욕구를 채우고 싶지만 그것이 자신을 성장하게 하는 것이 아닌 파괴적으로 이끌거나, 타인에게 방해가 된다면 분명 옳지 않은 행동이다. 아이들은 자라면서 수많은 옳지 않은 행동들을 시도하게 된다. 그럴 때 필요한 건 부모가 절대 안 된다고 말한 것을 수용하고 그 지시에 따를 줄 아는 능력이다. 동생을 때리려 할 때 많은 아이들은 부모가 "그만!"이라고 소리치면 들었던 팔을 그대로 멈출 줄 안다. 이야기 도중에 방에서 나가려는 아이에게 나가지 말라고 말할 때 대부분의 아이들은 나가려던 행동을 멈추고 그 자리에 설 줄 안다. 그런데 만약 우리 아이가 바로 그 순간에 부모의 지시에 따를 줄 모르는 아이라면 훈련이 필요하다. 그만하라고 소리치면 그만하고, 멈추라고 말하면 멈출 줄 알아야 한다. 중요한 순간, 부모의 지시는 아이의 안전을 지키는 중요한 지킴이가 된다. 그러므로 아이가 부모의 지시를 따르도록 훈련하는 일은 매우 중요하다.

많은 경우, 아이가 어릴 때에는 부모도 크게 자각하지 못한 상태로 '지시 따르기 훈련'을 시킨다. "컵을 식탁 위에 갖다 놓으세요.", "장난감을 통에 넣어요.", "냉장고 문을 꼭 닫으세요.", "벗은 옷은 빨래통에 넣으세요." 유아기의 아이들은 이런 엄마 아빠의 지시에 따르기 훈련을 한다. 아이가 성공할 때마다 충분히 칭찬해 줘서 아이가 다음에도 이렇게 행동할 수 있게 도와준다. 그런데 이 과정에서 충분히 연습이 되지 못했거나, 심리적 어려움이 있어 아이의 활동 리듬이 깨졌다면 다시 훈련이 필요하다. 일상에서 틈틈이 아주 단순한 지시어를 활용해서 지시 따르기 훈련을 시도해 보자.

: 지시에 따르는 훈련하기 :

지시에 따르기 훈련은 놀이처럼 활용하면 좋다. 아이가 어리다면 소꿉놀이를 활용해 보자.

"엄마랑 소꿉놀이 하자. 엄마가 말한 것을 따라 말하고, 말한 대로 행동하는 거야. 알았지?"

"야채를 냉장고에서 꺼내세요."

"물을 틀고, 야채를 씻어서 접시에 담아요."

"칼과 도마를 놓고 야채를 썰어요. 썬 야채를 접시에 담아요."

"프라이팬을 불 위에 놓고 야채를 넣어요."

"나무젓가락으로 야채를 저으며 볶아 주세요. 소금도 넣어요."

"이제 볶은 야채를 접시에 담아서 테이블 위에 예쁘게 놓으세요."

"숟가락과 젓가락을 놓고 식탁에 앉아 감사 인사를 하고 먹어요."

처음 단계에선 한 가지 행동의 지시어가 좋다. 아이가 한 가지 행동을 잘 수행하면 두 가지 행동을 하는 지시어를 사용하면 된다. 좀 더 효과적으로 수행하기 위해 엄마가 한 말을 따라 한 문장씩 말한 후 행동하게 하는 것이 좋다. 아이가 잘 따라하면 종종 아이에게 칭찬을 해 주자. 그러다 어느새 아이가 칭찬받지 않아도 그 활동을 즐기기 시작하면 이젠 칭찬은 줄여도 된다. 중요한 것은 아이가 활동을 통해 자기 만족감을 얻게 된다는 사실이다. 이렇게 지시에 따라 수행하고 자신이 잘 해내었다는 만족감이 들면 아이의 지시 따르기 훈련은 성공한 것이다.

만약 이렇게 지시 따르기가 잘 되지 않는 아이라면 여러 번 같은 말을 반복하는 것이 오히려 지시를 이행하는 데 방해가 된다. 그러니 아이가 지시어를 잘 따르지 못하면 아이에게 되물어 주는 것이 좋다.

"엄마가 뭐라고 했는지 말해 보세요."

"딱 한 번만 더 말할 테니 잘 듣고 따라 말해 보자."

"이제 듣고 말한 대로 행동하기 시작!"

이번엔 카드놀이를 활용해 보자. 유아와 초등학생은 대부분 카드를 활용한 놀이를 무척 좋아한다. 종이를 오려 카드 크기로 만들고 각각의 카드에 아이가 행동할 여러 가지 행동 지시어를 쓴다.

코끼리 코 다섯 바퀴 돌고 의자에 앉기	두 귀를 반대 손으로 잡고 10번 제자리 뛰기	창문 열고 문은 닫고 양반 다리하고 바닥에 앉기	신문지 한 장을 5번 접어 바닥에 놓고 왼발로 올라서기
공 10번 벽에 던져 받고 두 손으로 공들고 제자리 3바퀴 돌기	화장실에 가서 불 끄고 휴지 3칸 떼어 오기	책 19쪽 펴서 숫자가 몇 개인지 찾아 쪽지에 적기	책장에서 제목 글자 개수가 가장 많은 책의 제목 찾아 쪽지에 적기

이때 카드의 내용을 두세 가지 샘플로 보여 주고 아이도 직접 카드를 작성하도록 한다. 아이가 주도적으로 참여할수록 훈련의 효과는 높아진다. 아이들과 종종 이 작업을 하며 신기한 경험을 한다. 지시 따르기 놀이를 했을 뿐인데 아이의 행동이 조절되기 시작한다는 것이다. 수업 시간에 뛰쳐나가고 말을 듣지 않던 아이가 지시 따르기 놀이와 훈련을 하고 난 후 문제 행동이 개선되고, 선생님의 지시를 따르기 시작했다.

: '착하게 굴어.'와 '현명하게 선택해.'의 차이 :

언젠가부터 프랑스식 육아법이 화제를 불러일으켰다. 그중에서도 '뿌리 깊은 인간이해로부터 비롯된 독특한 육아 철학'이라는 말에 깊이 공감이 간다. 추상적 사변이 아니라, 사실에 관한 구체적인 분석을 시도하고, 직접적인 인간관찰의 결과로 얻어진 철학이니 분명 무엇이 아이에게 도움이 되고 효과가 있는지 알 수 있을 것 같다. 기본적으로 부모가 가진 인간에 대한 철학이 이미 아이를 키우는 방향을 결정하고 있다는 점에서 볼 때 가슴 깊이 생각해 볼 부분이다.

'현명해라.' 프랑스 육아법 중 눈에 가는 부분이 바로 이 말이다. 일반적으로 우리나라 부모들은 "착하게 굴어야지! 진짜 착하구나."라는 말을 정말 많이 사용한다. 그 영향으로 수많은 아이들이 착한 아이 콤플렉스 경향을 지닌 채 성장하고 있다. 착한 아이가 되기 위해 내면의 욕구나 소망을 억압하는 말과 행동을 반복하고, '착하지 않으면 사랑받을 수 없다.'는 강하고도 두려운 믿음 때문에 타인의 눈치를 보며 타인의 요구에 순종적으로 행동한다. 반면 자신의 느낌이나 욕구는 억누르고 무시하기 때문에 위축감과 우울감이 가득 차게 된다. 착한 아이 콤플렉스가 있는 아이는 어른의 요구를 쉽게 거절하지 못해 쉽게 어린이 범죄 대상이 될 수도 있다고 한다. '착한 아이 콤플렉스'는 생각보다 심각하게 우리의 삶에 영향을 끼친다.

부모 자식 간의 협상이 필요한 중요한 이유가 바로 여기에 있다. 아이들은 자신의 요구와 욕구를 표현해야 한다. 엄마 아빠가 정식 협상 테이블을 만들어 아이를 초청하자. 아이가 배워야 할 것은 착하게 구는 것이 아니라 자신이 더 멋진 아이로 성장하기 위해 현명하게 선택하는 것이다. 물론 자신이 선택한 결과에는 책임지는 것이 필요하다. 이제 부모가 할 일은 아주 간단하다. 아이가 현명하게 선택했더라도 실행력은 부족할 수 있다. 그때 부모의 올바른 지시는 아이로 하여금 자신의 약속을 지킬 수 있도록 도와준다. 지혜로운 협상 대화는 우리 아이가 현명하게 선택하고 자신의 선택을 책임질 수 있도록 하는 훌륭한 양육 방법이다.

부당한 협상에서
거절하는 법을 가르쳐라

: 아이는 부당한 협상을 종종 요구받고 있다 :

아이들이 의외로 많은 협상을 제안받고 있다는 사실을 아는가? 아주 작고 사소한 일은 물론, 중요하고 치명적인 제안을 받기도 한다. 학교 앞에서 아이스크림을 사 먹자는 친구의 제안, 돈이 없을 때 빌려 주겠다며 함께 사 먹자는 제안, 이번엔 내가 사 줄 테니 다음엔 네가 사 달라는 제안, 아이들은 이런 제안을 처음 받았을 때 어떻게 해야 할지 당황스럽다. 돈을 아끼고 싶을 때 어떻게 말하면 좋을까? 거절하고 싶은 때는 어떻게 할까? 돈이 없다고 거절해도 빌려 주겠다며 같이 사 먹자는 친구의 제안에 아이는 어떻게 협상할까? 어떤 아이는 쉽게 거절하지만 어떤 아이는 어쩔 줄 몰라 한다. 친구의 요구를 들어 주자니 엄마한테 혼날 일도 걱정되고 돈도 아껴야 할 것 같다. 그런데 거절하면 친구가 기분 나빠할 것 같다.

이렇게 우리 아이들은 어른들이 생각하는 것보다 훨씬 더 자주 거절을 하지 못해 고민에 빠진다. 수업 시간에 자꾸 준비물을 빌려 달라는 친구의 부탁을 거절하고 싶을 때는? 친구가 같이 화장실을 가자고 하는데 자신은 그 친구와 가고 싶지 않을 때, 친구 마음을 상하지 않게 거절하는 방법을 우리 아이가 잘 알고 있을까? 거꾸로 자신이 원하는 게 생겼을 때 친구에게 제대로 요구하며 살고 있을까? 우리 아이가 어쩌면 간단한 문제조차 친구에게 제대로 자신의 마음을 표현하지도 못한 채 절절매고 있는 건 아닐까?

그래도 이 정도는 괜찮다. 학교 끝나고 학원에 가야 하는데 친구가 놀러가자는 제안을 한다면 어떨까? 못된 친구를 혼내 준다며 같이 거들어 달라고 누군가 요구한다면 어떨까? 시험 보는데 답지를 보여 달라는 제안을 받는다면? 이런 부당한 제안에 우리 아이는 어떻게 반응하고 있을까?

아이가 고학년이 되면서 문제 행동을 하게 되는 경우 엄마는 이렇게 말한다. "우리 애가 친구를 잘못 만나서……." 하지만 엄밀하게 따지면 친구가 잘못된 요구를 했을 때 거절할 줄 모르거나 협상할 줄 몰랐던 건 아닐까? 친구의 탓으로만 돌리고 있기엔 너무 불안하다. 미리 우리 아이가 부당한 요구에 거절할 줄 알거나, 거절하고도 불이익을 당하지 않는 방법을 알았다면 어떨까?

아이들은 부모가 생각하는 것 이상으로 다양한 상황을 접하고 있다. 부당한 협상을 요구받을 때, 자신을 지키면서도 친구와 기분 좋게 결론을 찾을 수 있는 협상법을 아이에게 가르쳐야 한다. 단순히 아이가 내성적이라거나 숫기가 없다는 말로 넘어가서는 안 된다. 아이들은 이런 저런 작은 문제에 부딪쳐 하루 종일 고민에 휩싸여 있다.

: 아이가 부모에게 도움을 요청하게 하려면 :

아이와 엄마 혹은 아빠가 각각 보지 않고 점수를 매겨 보자. 아이의 점수와 엄마 아빠의 점수가 같을수록 서로에 대해 잘 이해하고 있다는 말이 된다. 반대로 아이와 엄마 아빠가 같은 항목에서 점수 차이가 크다면 어쩌면 부모는 아이의 마음을 제대로 이해하지 못하고 있는 것일 수 있다. 최고 점수를 백 점으로 하고 아이에게 점수를 매기라고 해 보자.

	아이에게	엄마점수	아빠 점수
1	엄마와 함께 잘 웃습니다.		
2	엄마와 스킨십(뽀뽀, 껴안기)을 잘합니다.		
3	엄마에게 마음속 고민을 말합니다.		
4	엄마가 나를 배려해 줍니다.		
5	엄마와 내가 우리 편이라는 느낌이 듭니다.		
6	내가 한 말이 엄마에게 통한다고 느낍니다.		

	엄마, 아빠에게	엄마	아빠
1	아이와 함께 잘 웃습니다.		
2	아이와 스킨십(뽀뽀, 껴안기)을 잘합니다.		
3	아이의 의논 상대가 되어 줍니다.		
4	아이가 나를 배려해 줍니다.		
5	아이와 내가 우리 편이라는 느낌이 듭니다.		
6	내가 한 말이 아이에게 통한다고 느낍니다.		

점수를 매길 때 아이에게 솔직하게 하라고 말해 주는 것이 좋다. 평소에도 착하고 순하고 타인의 마음을 너무 배려해서 눈치를 보기까지 하는 아이들은 솔직하게 표현하기 어려울 수 있기 때문이다.

: 부당한 협상에는 거절하기를 가르쳐라 :

"친구들이 놀러 가자고 그럴 때 뿌리치는 방법 좀 알려 주세요."

"돈을 아껴 써야 되는데 간식 사 먹자는 친구의 유혹을 거절하는 방법은요?"

"친구가 숙제 베끼고 싶다는데 기분 나쁘지 않게 거절하는 방법 좀 알려 주세요."

거절의 방법에 대해 고민하는 아이들의 말이다. 교과목에도 나오지 않고, 부모도 제대로 가르쳐 주지 않는 문제들이 아이들을 괴롭히고 있다. 그러니 부모가 미리미리 이런 것에 대해 협상을 통해 가르치면 좋겠다. 우리 아이들에게 꼭 가르쳐야 할 부당한 협상에 거절하는 방법이다.

● 아이에게 가르쳐야 할 다섯 가지 거절 방법

1. 부모의 보호를 받고 있음을 알리기

"우리 엄마가 그러면 안 된다고 했어."

"이건 부모님께 물어보고 결정해야 할 것 같아."

2. 자신이 원하는 것을 명확하게 말하기

"난 규칙을 지키고 싶어. 어기고 싶지 않아."

"난 부모님, 선생님과의 약속을 지키고 싶어."

"난 정말 그렇게 하고 싶지 않아. 그럼 내 마음이 너무 괴로워."

3. 상대의 요구와 마음을 배려해 주기

"넌 정말 그렇게 하고 싶구나."

"오죽하면 나한테 그런 부탁을 하겠니."

4. 창의적 대안 생각하기

"뭔가 다른 방법은 없을까?"

"이럴 때 어떻게 하면 좋은지 좀 더 자료를 찾아보자."

5. 자신들이 어린이임을 깨닫도록 도와주기

"우린 아직 어리잖아. 이럴 땐 어른들께 도움을 요청해야 해."

"솔직하게 말해서 혼나긴 하겠지만, 그렇게 하는 게 옳아."

: 자기 마음속 천사와 악마의 협상 :

　용돈이 필요할 때, 학원을 빠지고 싶을 때, 숙제를 할 때조차도 마음 속 천사와 악마는 자신들의 말을 들으라며 아이를 유혹하고 있다. 아니, 천사와 악마가 협상을 하고 있다는 말이 더 맞을 것 같다. 우리 아이에게 이 부분을 가르쳐 줄 필요가 있다. 문제집을 풀 때 대강 답지를 보고 베끼고 싶은 마음과 시간이 걸려도 제대로 풀겠다는 마음이 끊임없이 협상하고 있다.

　'야, 대충 베끼고 다했다고 해. 그럼 게임하고 놀 수 있잖아.'
　'그래도 그렇지. 어떻게 답지를 베낄 수가 있니? 그건 너무 비겁한 거잖아. 절대 그러지 마.'

　둘의 협상에서 누가 이길까? 자신의 마음속에서 '좋은 나'와 '나쁜 나'가 서로 협상을 하고 있으며 이 협상의 결과에 따라 아이의 행동은 달라진다. 그러니 아이 마음속에서 무슨 일이 일어나는지 깨닫도록 도와주는 일은 매우 중요하다.

　"살다 보면 여러 유혹이 생길 때가 있어. 예를 들어 친구가 시비를 걸 때 '맞붙어 싸울까? 아니면 그냥 참을까? 혹은 친구의 마음을 달래 줄까?' 여러 가지 생각들이 서로 자기 말이 맞다며 협상을 하지. 그중 어떤 생각을 선택하는가는 너 자신에게 달려 있단다. 그리고 그 선택에 따라 네가 어떤 사람인지 결정되는 거야."

친구를 때리고도 잘못을 인정하지 않는 경우는 때릴 만한 이유가 있었다고 생각하기 때문이다. 그런데 그 생각조차 마음속 갈등과 협상의 결과라는 사실이 중요하다. 그 순간 자기 마음속의 갈등들이 어떤 방식의 협상을 진행했었는지 깨닫는다면 결과는 아주 많이 달라질 수 있다. 자신도 깨닫지 못하는 사이에 자신이 선택한 방식이 결국엔 자기를 망치는 방법이었다는 걸 알게 되는 경우가 많다. 그 깨달음이 너무 늦지 않았으면 좋겠다. 그러니 미리 알려 주자. 세상의 협상 중에 어쩌면 가장 중요한 것은 바로 자기 자신과의 협상이라는 사실을 말이다.

부모의 협상 대화법, 아이를 진정한 리더로 만든다

/

협상력, 당당하고 건강한 사회인으로 살아가는 힘

공부 시간 협상하기

: 협상에도 준비가 필요하다 :

협상의 절차는 왠지 어색하고 낯설다. 그래서 늘 '에이, 그냥 하던 대로 하지 뭐.' 이런 생각이 부모의 발목을 잡는다. 이 책의 2장에서 하루에 스스로 한 시간씩 공부하기로 협상한 준호와 준호 아빠의 이야기로 다시 돌아가 보자. 그 상황에서 솔직히 대부분의 부모는 그냥 이렇게 말하고 싶다.

"야! 하루에 한 시간 공부해!"

이렇게 말하다 혁진이 엄마는 실패했다. 만약 이렇게 말해도 아이가 스스로 즐거운 마음으로 책상에 앉아 공부하는 아이라면 골치 아프게 고민하지 않아도 된다. 그렇지 않다면 이제 좀 더 생각해 보자. 보통 엄마들은 한 시간만 공부하라고 말하지만 솔직히 한 시간이 아니라 두 시간 정도는 공부하기를 바란다. 물론 최소한 한 시간 정도만이라도 제대로 한다면 그것도 나쁘지는 않다.

   예전의 실패 경험을 바탕으로 협상의 중요성을 깨달은 혁진이 엄마는 다시 조심스럽게 아이와의 협상을 준비한다. 우리도 혁진이 엄마가 되어 아이가 스스로 하는 공부 시간에 대한 '협상'을 시작해 보자. 그냥 대화가 아니라 협상을 시작하는 것이다. 혁진이 엄마도 준호 아빠처럼 아이와 대화를 나눌 협상 주제를 적은 카드를 하나 준비했다.

> 4학년이 되어 달라지기 바라는 점 → 숙제를 제외한 공부 시간을 갖는다.
> 엄마의 제안: 하루 두 시간

   아이가 카드를 꺼내 본다. 편지 없이 주제만 넣어서인지 아이 표정이 그리 좋지는 않다. 이럴 땐 빨리 협상 주제에 대한 아이의 생각을 묻는 것이 중요하다.

> **엄마** "엄만 네가 4학년이 되었으니 공부에 관한 성숙한 행동 한 가지는 시작해야 한다고 생각해. 그래서 이렇게 제안해. 네 생각은 어떠니?"

- 혁진 "저도 뭔가 하긴 해야 한다고 생각해요. 하지만 하루 두 시간은 너무 많아요."
- 엄마 "그래? 그럼 너도 숙제를 제외한 공부 시간을 갖는다는 것은 일단 동의를 하는구나."
- 혁진 "네."
- 엄마 "그런데 두 시간이 많다는 말이지?"
- 혁진 "네."
- 엄마 "두 시간은 엄마 생각일 뿐이야. 공부는 네가 하는 거니 네 생각이 가장 중요하지. 넌 얼마 정도의 시간이 적당하다고 생각하니?"
- 혁진 "한 시간이 좋겠어요."

결과는 성공이다. 물론 혁진이의 대답이 마지못해 하는 대답일 수 있다. 하지만 여기서 중요한 점은 혁진이도 자신이 막연하게나마 그런 생각을 하고 있었다는 것을 깨달았다는 점이다. 한 학년씩 올라갈 때마다 아이들은 누구나 새 학년 새 학기에 대한 기대와 목표를 가진다. 여기서 중요한 것은 아이 마음속에 있는 그런 진심을 자극하고 활성화시켜 주는 역할을 엄마가 하고 있다는 점이다. 물론 약간 힘든 일은 아직 스스로 선택하고 행동할 만큼 준비가 되지 않았다. 그러기에 더욱 이런 협상이 필요하다.

: 문간에 머리 들이밀기 기법 :

혁진이 엄마는 진심을 담은 편지를 쓰는 일이 부담스럽다. 마음은 있지만 쉽지 않기 때문이다. 그럼에도 불구하고 혁진이 엄마의 방법이 성공한 이유는 뭘까? 왜 혁진이는 협상에 동의했을까? 어떤 심리적 이유가 있어 거부하지 않고, 힘들다 투정하지 않고 성공적으로 엄마와 혁진이가 협상에 동의할 수 있었을까? 여기엔 혁진이 엄마도 몰랐던 숨겨진 심리 기법이 있었다.

'문간에 머리 들이밀기 기법(Door in the face technique)'이다. 사람이 자신의 요구를 상대에게 관철시키는 방법은 여러 가지이다. 그중 하나가 처음에 무리한 요구를 한 다음, 고민하는 상대에게 다시 작은 요구를 하는 방법이다. 누군가 나에게 하루 종일 와서 일을 도와 달라고 한다면 부담스럽다. 그런데 난감해하는 나의 표정을 보더니 그럼 딱 두 시간만 와서 도와 달라고 한다. 하루 종일보다 훨씬 짧은 시간이라는 점과 앞의 요구를 거절한 미안함에 두 번째 요구는 쉽게 수용하게 된다. 솔직히 이 기법을 알든 모르든 우리는 종종 이런 방식을 접하며 산다. 물건을 살 때도, 일을 할 때도, 혹은 공부나 과제를 할 때도 마찬가지이다. 학교 선생님이 세 장의 프린트를 주면서 다 외워 오라고 하면 너무 힘들 것 같다는 마음이 든다. 그러다 한 장만 외워 오라고 줄여 주면 갑자기 너무 감사한 마음과 함께 그 정도쯤은 충분히 할 수 있겠다는 생각이 든다. 바로 이런 심리가 반영된 것이다.

: 닻내림 효과를 아는가? :

혁진이 엄마가 사용한 심리 기법이 하나 더 있다. 닻내림 효과이다. 닻내림 효과(Anchoring Effect)란 사람들이 어떤 사항에 대한 판단을 내릴 때 마치 닻을 내린 배처럼 초기에 제시된 기준에 영향을 받아 판단을 내리는 현상을 말한다. 닻을 내린 배는 크게 움직이지 않고 그 근처에서만 움직이게 된다. 처음 접한 정보가 생각의 기준점이 되어 무언가를 판단하고 결정하는데 영향을 미친다는 일종의 편향적인 현상을 말한다. 혁진이 엄마는 자신도 모르는 사이에 이 기법을 아이의 성장을 도와주는 것에 활용했다. 사실 엄마는 4학년 아이가 숙제하는 것으로도 벅찬데 따로 공부하기는 더욱 어려울 거라는 생각도 든다. 하지만 아이가 학원에 매여 스스로 공부할 줄 모르게 될까 봐 걱정이다. 그러니 아이가 하루에 30분 혹은 한 시간만이라도 스스로 공부하는 습관을 갖게 되기를 바란다. 그런데 엄마 마음 그대로 30분 혹은 한 시간만 말하면 아이는 그 중요성을 가볍게 여길 것 같았다. 그래서 두 시간을 먼저 제안하고, 아이가 힘들 것 같다고 말하면 시간을 줄여 줘야겠다고 생각한 것이다. 그것이 혁진이와의 공부 시간 협상을 성공하게 만든 숨겨진 심리 효과였다.

  아이와 공부 시간에 대한 협상을 성공적으로 해냈으면 좋겠다. 학교 성적만을 위한 것이 절대 아니다. 아이가 자신이 원하는 꿈을 찾고 그 꿈을 위해 꼭 필요한 것이 바로 스스로 공부할 줄 아는 능력이다. 꿈은 있지만 스스로 정보를 찾고 학습할 줄 모르는 건 너무 안타까운 일이다. 우리 아이가 스스로 공부할 줄 아는 아이로 성장하기 위해서도 부모와 아이의 공부 시간에 관한 협상은 꼭 필요한 절차이다. 물론 한 번의 협상으로 만사형통이 될 수는 없다. 며칠 시도해 보다 어려움을 느낀 아이는 또 다른 협상을 제안할 것이다. 그럴 땐 지지하고 격려해 주자. 아이의 어려움이 타당하다면 다시 협상 내용을 조절하면 된다. 때로는 느슨하게, 때로는 긴장감 있게 협상을 조절하면서 진행하면 된다. 성공적인 협상은 아이의 학습 능력을 결정한다.

아이와 용돈 협상하기

: 협상을 세팅하자 :

테이블 세팅하듯 협상을 세팅하자. 잠시 배우자와의 연애 시절로 돌아가 생각해 보자. 데이트할 때 어떻게 했는가? 약속 장소와 시간을 정하고, 음식 메뉴도 정하고, 어떤 옷을 입고 나갈지도 결정한다. 그날의 스케줄을 짜고 어떻게 하면 예쁘고 멋있게 보일지 고민한다. 이런 게 세팅이다. 연애 시절만큼의 열정이 너무 부담스럽다면 가끔 하는 외식 정도로 생각해 보자. 이 또한 비슷한 과정을 거친다. 그런데 아이가 불쑥 용돈 협상을 제안한다면 어떻게 반응하는가?

초등학교 3학년 때 일주일에 2천 원씩 용돈을 받던 아이가 용돈을 5천 원으로 올려 달란다. 당차게도 두 배 이상을 요구하다니! 엄마는 학년이 올라갔으니 왠지 올려 주어야 할 것도 같고, 왠지 그냥 순순히 올려 주면 안 될 것 같은 느낌도 들어 뭐라 명확한 대답을 하지 못한다. 이런 느낌이 든다면 일단은 멈추어라. 그렇지 않고 아이의 협상 제안에 그냥 휘말려 들면 이 협상은 부모에게 절대 불리해진다. 불리한 이유를 알아보자. 4학년 아이들의 평균 용돈에 대한 정보가 부족하다. 그러니 아이가 불쑥 용돈 올려 달라며 용돈 협상을 걸어올 때 아무 생각 없이 걸려들지 말아야 한다. 이런 중요한 주제에 대해선 다시 이야기를 할 날짜와 시간, 장소를 정해서 진행해야 한다. 사회생활에 비유해 보면 아주 쉽다. 같이 식사하다 말고 월급을 올려 달라는 직원에게 사장님은 뭐라고 말할까?

"다음에 다시 얘기하지. 그런 얘기를 농담처럼 밥 먹다 하다니……. 자네가 이런 충동적인 모습이 있는 걸 처음 알았네. 다음 주 월요일 1시에 내 방으로 와서 이야기하세."

자, 이 대화에 대한 느낌이 어떤가? 다음 협상의 주도권을 이미 사장님이 갖게 되었다는 게 보이는가? 아무 준비 없이 그냥 투정부리듯 말을 꺼냈다가 졸지에 충동적인 자신의 약점까지 들켰으니 월급 인상에 대한 주장이 힘을 잃게 된 결과를 가져왔다. 아이가 제안한 용돈 협상에도 이렇게 한번 말해 보자.

- "엄마, 나 이제 4학년이 되었으니 용돈 올려 주세요."
- "음, 그 이야기는 이렇게 불쑥 얘기할 문제는 아닌 것 같아. 내일 저녁에 식사 끝나고 안방에서 이야기 나누자."
- "저학년 땐 일주일에 2천 원이었으니까 고학년엔 일주일에 5천 원 주세요."
- "엄마가 언제 어디서 이야기하자고 했지?"
- "네. 내일 꼭 얘기해야 돼요."

다음 날, 저녁 식사 후 안방에서 두 사람이 제대로 자리 잡고 앉아 이야기를 시작한다.

- "용돈 이야기를 제대로 해 보자. 왜 용돈을 더 받고 싶어?"
- "이제 4학년이 되었으니까요."
- "계속 이야기해 볼래?"
- "4학년이 되니까 친구들이랑 같이 어울리는 일이 더 많아서 돈이 부족해요. 내 친구들은 전부 일주일에 5천 원은 받는단 말예요."
- "친구와 잘 지내는 건 엄마도 좋아. 그런데 같이 시간을 보내는데 돈이 더 필요해? 네 간식 사 먹을 만큼은 되지 않니?"
- "가끔 친구들 사 주어야 해요. 다른 친구도 사 주었는데 나만 안 사 주면 안 되니까."
- "그런 문제가 있었구나. 얼마 정도 올리길 바라니?"

"엄마, 2천 원 올리는 건 어때요? 좀 많나? 그럼 천 원만 올려 주세요. 네? 어때요?"

갑자기 아이의 태도가 많이 달라졌다. 아이는 어제처럼 용돈을 5천 원으로 올려 달라는 말을 하지 않았다. 대신 곰곰이 생각하면서 합리적인 대안을 말한다. 아이는 왜 5천 원으로 올려 달라던 용돈을 이렇게 줄여서 부르게 되었나? 중요한 점은 엄마는 한 번도 액수에 대해선 말하지 않고 있다는 사실이다. 왜 필요한지 질문하기만 했다. 아이의 의도도 인정해 주고 아이의 의견을 물어봐 주었다. 그랬더니 아이의 충동적 생각이 합리적 생각으로 변화하였다. 엄마가 용돈 협상을 제대로 세팅한 것에서부터 아이는 이미 합리적 생각을 위한 마음의 준비를 하고 있었던 것이다.

: 협상 카드 준비하기 :

협상의 8할은 준비에서 결정된다는 말이 있다. 그만큼 사전 준비와 정확한 정보가 매우 큰 역할을 한다는 의미이다. 정확한 정보를 바탕으로 아이의 요구에 제시할 협상 카드를 준비하자. 모든 협상에는 자신이 허용하는 최저치와 최고치가 있다. 용돈 협상에서도 최저액과 최고액을 이미 마음속에 가지고 있으며, 아이의 공부 시간에 대해서도 마찬가지이다. 아이가 해 주길 바라는 최고 수준과 자신이 물러설 수 있는 최후의 마지노선이 이미 마음속에 있다는 말이다. 물론 대화 과정에서 조금씩 변동할 수는 있다. 하지만 아무런 준비를 하지 않은 채 협상에 나섰다간 나중에 공연히 아이를 원망하게 된다. 아이가 교묘하게 자신을 조종해서 원하는 걸 얻어갔다고 말하는 부모도 종종 만난다. 부모가 자기 아이를 비난하는 것이다. "애가 참 못됐어요."라고 말하는 경우엔 어이가 없기도 하다. 부모가 제공한 양육 환경에서 아이의 인성이 자라기 마련인데, 그건 무시하고 그저 지금 보이는 아이의 태도만을 비난하고 있으니 말이다. 혹시 아이가 너무 영악하거나 약아 빠졌다고 느낀다면, 정말 제대로 된 협상을 통해 아이가 올바른 결정을 내리는 성공적인 경험을 하도록 도와주어야 한다.

 용돈 협상의 카드를 준비해 보자. 특히 용돈에 대해서는 부모가 미리 알아야 할 것들이 있다. 용돈은 부모의 의무가 아니라는 점이다. 아이를 키우면서 필요한 것을 제공해 주는 건 부모의 의무이다. 의식주와 교육까지 모두 제공해 주는 부모가 굳이 용돈을 주는 목적이 무엇인가? 아이의 사회생활을 위해서? 교통비나 간식비도 사실은 부모가 필수적으로 챙기는 부분들이다. 그럼에도 불구하고 부모가 아이에게 용돈을 주는 목적은 경제관념에 대한 교육적 훈련의 의미라는 말이다. 이런 생각 없이 용돈을 준다면 아이는 감사할 줄 모르고 부모는 그 한계를 어떤 선에서 정하고 어떻게 통제해야 하는지에 대한 개념이 발달하지 못한다. 그렇게 되면 아이가 성인인 대학생이 되어서도 여전히 아이의 용돈에 대해 어떻게 해야 할지 몰라 고민하는 부모가 될 수 있다.

용돈 협상에서 용돈의 액수만을 정하는 협상과 아이의 경제 교육으로 활용하는 협상은 질적으로 다를 수 있다. 아이가 용돈을 올려 달라고 했을 때 부모가 사용하는 협상의 대안들을 살펴보자. 당신은 어디에 해당되는가?

1. 협상 조건 내걸기

"그냥 올리는 건 안 돼. 숙제 스스로 하면 일주일 용돈 천 원 올려 줄게."

2. 용돈 자체만 이야기

"딱 천 원만 올려. 더 이상은 안 돼."

3. 조건과 벌칙을 설정

"네가 원하는 대로 올려 줄게. 그 대신 수학 성적 평균 90점 이상이어야 해. 떨어지면 다시 용돈도 원래대로 돌아가는 거야."

4. 용돈 관리 경험 제공

"고학년이 되었으니 준비물 값을 포함해서 네가 직접 용돈을 관리해 봐. 한 달마다 평가해서 다음 달 용돈을 결정하는 걸로 하자."

어떤 방법을 사용하든 아이가 이 기회를 통해 배우고 성장해야 한다. 그러기 위해서 아이와의 협상에선 말로 하는 것보다 그 내용을 메모지에 적어 카드처럼 펼쳐 놓고 보는 것이 더 좋다. 머릿속으로만 생각하는 것과 눈으로 보며 생각하는 것에 차이가 있다. 당연히 눈으로 보는 것이 좀 더 통찰적인 사고를 하는 데 도움이 된다.

여기 네 장의 카드가 있다. 한눈으로 보니 어떤 생각이 드는가? 아이는 이 카드를 보면서 어떤 생각을 하게 될까? 아마 분명히 아주 많은 고민을 하게 될 것이다.

최저:주 2천 원	주 3천 원	주 5천 원	최고:주 8천 원
현재 용돈 유지 조건 없음.	**천 원 인상** 조건:숙제 스스로 하기.	**요구 수용** 조건:수학 성적 평균 90점 이상 유지.	**요구보다 3천 원 더 많이 지급** 조건:용돈으로 준비물 비용도 지출. 매달 쓰는 돈을 점검하여 다음 달 용돈 결정하기.

아이의 용돈을 올려 주는 문제에 이렇게까지 신경을 쓰고 이야기를 나누어야 하나 하는 생각이 드는가? 그러나 이것은 크게 복잡한 과정이 아니다. 보통은 한두 가지 대안만 이야기하고 그중에서 아이에게 고르라고 말한다. 그런데 그 방식이 그다지 성공적이지 못하다. 말속에 이미 감정이 포함되어 있어 제대로 된 협상을 하기도 전

에 아이의 마음이 상해 버리기 때문이다. 그러니 생각할 수 있는 대안을 모두 메모지에 따로따로 적어 아이가 여러 장의 카드를 펼쳐놓고 스스로 고민하고 선택하게 하는 것이 좋다. 물론 엄마 아빠의 마음속에서 우선순위가 있겠지만, 아이에게 가장 교육적으로 도움이 되는 것이 중요하다. 혹시 절대 선택하지 않기를 바라는 카드가 있다면 아예 처음부터 내놓지 않기를 바란다. 부모가 고르라고 해서 골랐는데 엄마 아빠가 싫어한다면 아이는 부모를 원망하게 된다. 모처럼의 협상이 실패하게 되는 이유이다.

: '어린이 경제 교육 10계명'에 입각한 용돈 협상 :

용돈의 개념은 아이의 경제 교육의 시작이라는 점에서 매우 중요하다. 인생에서 돈을 벌고 사용하는 수준과 내용, 그리고 그 의미에 따라 삶의 의미 또한 매우 달라진다. 그러니 돈에 관한 이야기를 터부시 하는 분위기를 조금 깰 필요가 있다. 돈을 가지고 부모가 아이와 협상하는 것은 자녀에게 직접 성교육을 시키는 것만큼이나 어색하게 느껴질 수 있다.

용돈에 대해 협상하기 전에 한국은행에서 정한 어린이 경제 교육 10계명을 살펴보자.

● **한국은행 어린이 경제 교육 10계명**

1. 적당한 액수의 용돈을 정기적으로 주라.

2. 가사 일을 도운 대가로 용돈을 주지 말라.

3. 성적과 용돈을 연관시키지 말라.

4. 가계부를 기록하는 모습을 보여 주며 용돈 기입장을 기록하게 하라.

5. 생일잔치를 경제 교육의 기회로 삼으라.

6. 저축은 자신의 용돈으로 하도록 만들라.

7. 저축은 저금통에 쌓아 두지 말고 금융기관을 이용하도록 하라.

8. 충동 과시, 모방 소비를 조기에 막으라.

9. 자녀에게 미안한 마음을 물질적으로 보상하지 말라.

10. 물건의 소중함과 물자 절약의 중요성을 강조하라.

용돈은 경제 교육의 시작이고 이런 개념에서 본다면 어떤 생각으로 협상해야 할지 알 수 있다. 적당한 액수의 용돈을 정기적으로 주는 일도 중요하다. 저학년은 일주일 단위로, 고학년 이상은 한 달 단위로 해서 스스로 조절력을 키울 수 있도록 한다. 집안일을 하는 것에 대해서 용돈을 주지 말라는 항목은 부모가 꼭 생각해 볼 필요가 있다. 만약 용돈을 못 주는 형편이 된다면 아이는 집안일을 안 해도 된다는 의미가 되지 않을까? 성적과 용돈을 연결하지 말라는 것도 중요한 기준이다. 성적 올리기를 조건으로 내건 용돈 협상은 부작용이 많다. 성적 올리기가 힘든 아이가 용돈이 꼭 필요하다면 이 아이는 어떤 대안을 생각해낼까? 아마 바람직하지 않은 방법이 더 많이 떠오를 것이다. 위에서 제시한 정보를 기준으로 다시 엄마 아빠가 의논해서 협상의 대안을 생각해 보면 좋겠다. 집집마다 아이의 용돈에 대한 기준이 매우 다른 것이 현실이다. 우리 아이가 친구보다 용돈이 적어도 부러워하거나 주눅 들지 않고, 자신의 경제관념을 잘 발전시키는 아이로 성장하기 바란다면 아이와의 용돈 협상은 매우 중요하다.

참기만 하는 아이에게 통하는
특별한 협상 대화법

: 엄마 아빠 마음만 신경 쓰는 아이 :

여름이라 에어컨을 틀어 두고 아이와 이런 저런 이야기를 나누고 있었다. 이십 분쯤 지난 뒤 아이가 자기 몸을 감싸기 시작한다.

선생님 "진호야, 춥니?"
아이 "네."
선생님 "언제부터?"
아이 "아까부터요."
선생님 "그럼 왜 진작 말하지 않았어?"

아이   "선생님이 더우실까 봐요."

초등학교 1학년 밖에 되지 않은 아이가 추위를 참으며 선생님을 배려한다. 진호는 왜 이렇게 반응하는 것일까? 아이들이 자기 마음대로 떼쓰고 투정 부리는 경우도 있지만, 전혀 그렇지 않은 경우도 꽤 많다. 순하고 착한 아이는 무척 잘 참는다. 아이 교육에 마음 쓰는 엄마들 중 아이가 너무 엄마 눈치만 보고 지나치게 긍정적인 대답만 해서 고민인 사람들도 꽤 많다. 이렇게 자기 진짜 마음을 드러내기를 어려워한다면 아이는 커 가면서 자기가 누구인지, 어떤 사람인지 깨닫기 어렵다. 건강한 자아 정체성을 획득해야 하는 청소년기가 되면 더 혼란스럽고 방황할 수 있다. 혹시 이 시기를 착하게 잘 지냈다 해도 성인이 되고 결혼을 하고 난 다음에야 자신의 이런 모습을 깨닫고 힘겨워 하는 사람도 많다. 그러니 참기만 하고 엄마 아빠 마음만 신경 쓰는 아이를 위한 특별한 협상 대화가 필요하다.

: 첫 번째, 아이가 원하는 것을 들어 주는 협상 :

이렇게 지나치게 상대를 배려하는 아이라면 아이의 아주 작은 요구를 쉽게 수용하는 협상을 해 보자. "엄마 아이스크림 먹어도 되요?"라고 아이가 물을 때 엄마는 무심코 안 된다고 말한다. 그러면 아이는 다시 요구하지 않는다. 아이가 힘없이 지는 협상이 이루어진 것이다.

지금 당장 아이스크림을 허용하지 않더라도 얼마든지 아이도 만족하는 협상이 가능하다. 우선 언제 먹고 싶은지 물어보자. 냉동실에 아이스크림이 없다면 어떤 아이스크림을 먹고 싶은지 물어보는 것도 좋다. 그래서 언제 어느 가게에서 어떤 아이스크림을 먹을지 정하는 협상을 시작하는 것이다. 오늘 먹었는데 또 먹고 싶다고 한다면 거절해도 된다. 대신 내일 아이의 의견대로 아이스크림 먹을 시간을 정하면 아이는 만족할 것이다. 어떤 가게에서 어느 정도 가격의 아이스크림을 먹을지도 아이 의견을 수용해 주자. 작은 일에서 자신의 의견을 존중받은 아이가 다음에도 자기 의견을 말할 수 있기 때문이다.

: 두 번째, 수시로 아이의 제안을 칭찬하자 :

아이가 어떤 제안을 하는지 잘 들어 보자. 일상에서 아이가 뭔가를 제안하는 일은 드물다. 대부분 엄마 아빠가 지시하고 아이는 들어야 하는 입장이다. 그 와중에도 자기 주장을 잘하는 아이는 끊임없이 제안하고 자기 의견을 관철시키기 위해 애쓴다. 반면 참기만 하는 아이, 엄마 마음만 배려하는 아이는 전혀 그렇지 않다. 그러니 아이가 아주 작은 일이라도 자기 의견을 말할 때 민감하게 알아차리는 게 중요하다. 그리고 아이의 의견을 칭찬해 주자.

"엄마 우유 마셔도 돼요?"

"토요일에 놀이터에서 친구랑 놀아도 돼요?"

"엄마, 창문 닫을까요?"

이렇게 사소한 일에도 아이가 말하는 제안들에 대해 아이의 마음을 알아주자. 특히 "엄마, 창문 닫을까요?"라는 질문은 조금 신경 써서 생각해 보자. 창문을 닫을지 묻는 아이의 말에서 엄마를 위한 배려가 느껴진다면 창문을 왜 닫고 싶은지 물어보자.

 "창문을 닫고 싶어? 왜?"

 "엄마가 추울까 봐요."

이렇게 말한다면 다음 대화는 그냥 고맙다고 말하는 것보다 "넌 어때?"라고 되물어 주자. 우리 아이가 지나치게 상대를 배려하고 착한 대답만 하는 아이라면, 아이가 정말 원하는 게 뭔지 물어야 한다. 아이가 원하는 대로 행하도록 이끄는 과정이 중요하다.

 "넌 어때?"

- "전 괜찮아요. 시원해요."
- "네가 좋은 게 엄마도 좋아. 네가 원하는 대로 해."

혹시 엄마가 살짝 춥다고 느낀다면 옷을 껴입고서라도 아이를 기다려 주자. 아이에게는 자신이 원하는 걸 말해도 괜찮다는 경험이 더 많이 필요하다.

: 세 번째, 네 마음속에 진짜 원하는 걸 말해 주길 바래 :

아이가 말하는 제안은 아주 작은 일에서부터 모두 엄마를 배려하는 것일 수도 있다. 엄마에게 요구하고 싶은 게 없는 것이 아니다. 다만 말을 못 하는 것이다. 그러니 아이에게 종종 이 말을 들려주자.

"네가 진짜 원하는 걸 말하는 게 엄마가 더 기뻐."

"도움이 필요할 땐 도와 달라고 해."

"해 달라고 요구하고 싶을 땐 그렇게 말해 줘."

"혹시 엄마가 거절한다 해도 최소한 세 번 정도는 말해 주길 바래. 약속할 수 있지?"

참기만 하는 아이에게는 이 세 가지 협상법을 잘 활용하기 바란다. 부모가 이런 말을 자주 들려주어야 한다. 자연스럽게 자신의 요구를 말할 수 있을 때까지, 싫은 건 싫다고 거절할 수 있을 때까지 시간이 많이 걸린다. 원하는 것을 말하지 못하면, 자신을 싫어하게 된다. 결과에 상관없이 제대로 요구하지 못하고 따지지 못하면 우리는 자기 자신이 더 싫어진다. 우리 아이가 건강하게 자란다는 것은 자신을 좋아하고 존중하는 아이로 자라는 것이다. 그러니 참기만 하는 아이를 위한 협상에서 이 세 가지는 꼭 지켜져야 한다.

떼쓰고 우기는 아이에게 통하는 협상 대화법

: 떼쓰는 순간의 두 가지 방법 :

아이의 떼쓰는 행동은 대부분 부모가 자신도 모르게 부추긴 행동이다. 집에선 괜찮은데 밖에만 나가면 떼쓰는 아이는 엄마가 집에선 절대 안 된다고 하지만, 외출해서 주변에 사람이 있으면 체면 유지하느라 자신의 요구를 다 들어 준다는 걸 알기 때문이다. 그러니 이제 떼를 쓰는 아이와의 협상을 위해 엄마의 마음속 정리가 먼저 필요하다.

아이가 떼를 쓰는 순간, 지금이 떼쓰는 아이와의 협상 타이밍으로 잡아도 되는지 평가해 보자. 떼쓰는 이 순간에 협상할 것인가? 아니면 나중으로 협상할 때를 미룰 것인가를 결정해야 한다.

아이와 협상하기를 원한다면 아이를 데리고 아무도 없는 곳으로 옮겨 가는 게 좋다. 사람들이 보고 있는 곳에선 엄마도 이성적으로 행동하기 어렵다. 아이도 사람들의 시선을 제 편으로 끌어들여 더욱 엄마를 곤란하게 만들 뿐이다. 빈방이나 화장실, 비상계단도 좋다. 그래야 아이가 진정된다. 혹시 그런 공간을 찾기가 어렵다면 아이를 마주 보고 두 손을 잡고 귓가에 작지만 단호한 목소리로 이렇게 말하자.

"지난번에 네가 이렇게 해서 원하는 대로 했었지. 하지만 오늘은 그렇게 하지 않을 거야. 네가 아무리 떼쓰고 소리 질러도 네가 원하는 대로 해 줄 수 없어."

"엄만 너를 정말 사랑하지만 지금 요구하는 걸 들어 주면 안 돼. 그건 너에게 나쁜 거야."

이 말만 몇 번 더 반복하자. 아마 서서히 아이의 목소리가 잦아들게 될 것이다. 이 방법은 앞에서 말한 훈육 방법과 비슷한 방법이다. 제대로 사용할 수 있을 때 사용하면 좋겠다. 또 한 가지 방법은 떼쓰는 순간은 그냥 하던 대로 하고, 다음 기회로 넘기는 방법이다. 그 순간이 지나고 난 다음에 대화하는 것도 아이들에겐 유용하다.

"지난번에 엄마가 네 요구를 들어 준 건 잘못된 거였어. 앞으론 같은 상황이면 절대 들어 주지 않을 거야."

"혹시 네가 갖고 싶은 물건이 있다면 미리 계획하고 약속한 것만 사기로 해."

"언제 무엇을 살지에 관해서는 네 의견도 존중해 줄게. 너랑 엄마가 의논해서 두 사람 다 만족하는 걸로 정하자."

기억할 점이 있다. 이렇게 협상을 결정해도 예전에 떼쓰기에 성공한 경험이 있는 아이는 이 약속을 어기려는 시도를 한다. 우리 아이가 특별히 의지가 약하거나 약속을 지킬 줄 몰라서 그런 것이 아니다. 이미 익숙해진 방법을 사용하려는 자연스러운 심리적 현상이다. 그러니 아마도 그 현장에서 떼를 쓰는 행동이 한번쯤은 나타날 것이다. 그때는 그 자리에서 한 번만 단호하게 행동하는 모습을 보여 주면 된다. 아마 신기하게도 아이의 떼쓰기가 점점 사라지는 것을 보게 될 것이다.

: 지금은 협상 타이밍 :

- 준수 "지금부턴 왼손으로만 던져."
- 영수 "싫어. 왜 형 마음대로 바꿔?"
- 준수 "너도 전에 그랬잖아."
- 영수 "내가 언제 그랬어? 형이 먼저 그랬지."

쌍둥이 준수와 영수가 종이공을 통에 던져 넣는 게임을 하다 말고 다투기 시작한다. 왼손잡이인 준수는 자신이 불리해지자 왼손으로만 던져야 한다는 규칙을 마음대로 정하고 영수에게 명령한다. 그 말을 그대로 수용할 영수가 아니다. 둘 다 공을 내던져 버리고 서로 언성을 높이기 시작한다.

둘은 종종 놀이를 하다 말고 서로 자신이 이로운 쪽으로 규칙을 바꾸어 버린다. 서로의 의견을 묻는 것도 아니고 무조건 명령조로 말한다. 그러니 둘의 놀이가 평화롭게 진행되는 건 거의 불가능하다. 준수와 영수는 왜 이럴까?

이 둘은 이기고 싶다는 욕구가 너무 강하다. 이기고 싶을 뿐 아니라 형제가 서로 잘 지내고 싶은 마음, 즐겁게 놀고 싶은 마음이 있다는 것도 깨닫지 못한 채, 충동적으로 행동한다. 아이가 이렇게 충동적으로 행동하는 이유는 자신의 마음을 잘 이해하고 조절하는 힘이 부족하기 때문이다. 자신의 감정을 느끼는 것도 어렵고, 상대 감정을 헤아리는 일은 더 어렵다. 두 아이가 서로와 잘 소통하며 정정당당하게 이기는 경험은 매우 중요하다. 그러기 위해서는 평소 작은 일에서부터 자신의 감정을 알아차리는 훈련이 필요하다.

: 떼쓰고 우기는 아이들을 위한 협상 :

감정 알아차리기 훈련

놀이를 중단하고 두 아이를 자리에 앉힌다. 감정이 올라와 흥분되어 있는 상태라면 서로 등을 돌리고 각자 벽을 보고 1분 간 아무 말 없이 앉아 있게 한다.

"딱 1분 동안 아무 소리 내지 말고 앉아 있기야. 시작!"

1분 동안 엄마는 감정 목록표를 각각 한 장씩 준비해 둔다. 감정 카드가 있다면 그걸 활용해도 좋다. 1분이 되었음을 알리고 다시 서로 마주 보고 엄마와 함께 둘러앉는다.

"자, 지금 너희가 느끼는 감정 단어를 모두 찾아서 오른쪽에 옮겨 놓자. 아주 작게 느껴지는 감정도 다 찾는 거야. 너희 마음속에 숨어 있는 느낌을 다 찾는 게 좋아. 시작!"

편안한 감정

기쁘다	기분 좋다	반갑다	행복하다
흐뭇하다	즐겁다	사랑스럽다	자랑스럽다
뿌듯하다	눈물겹다	황홀하다	짜릿하다
뭉클하다	포근하다	시원하다	후련하다
통쾌하다	감격스럽다	담담하다	재미있다

평화롭다	편안하다	위안되다	든든하다
태연하다	만족하다	신바람나다	근사하다
멋있다	상쾌하다	싱그럽다	아늑하다

불편한 감정

분하다	답답하다	억울하다	서운하다
섭섭하다	불쾌하다	밉다	얄밉다
괘씸하다	당황스럽다	허탈하다	실망스럽다
처량하다	고독하다	외롭다	울적하다
속상하다	울화가 치밀다	복수심을 느낀다	부끄럽다
민망하다	겸연쩍다	멋쩍다	불안하다
초조하다	긴장되다	조심스럽다	걱정되다
불쌍하다	절망적이다	원망스럽다	후회스럽다
참담하다	처절하다	자책을 느끼다	북받치다
가슴 아프다	가엾다	쓰라리다	혐오감을 느끼다
못마땅하다	울고 싶다	겁나다	두렵다
무섭다	쓸쓸하다	떨떠름하다	저항감을 느끼다
거부감을 느끼다	야속하다	짜증스럽다	신경질 나다
몸서리치다	소름끼치다	전율을 느낀다	놀라다
불만스럽다	지겹다	권태를 느낀다	가소롭다
배신감을 느낀다	어이없다	주눅 들다	위축되다
아쉽다	우울하다	죽고 싶다	끝났다

준수가 선택한 감정	분하다. 불쾌하다. 당황스럽다. 초조하다. 원망스럽다.
영수가 선택한 감정	억울하다. 얄밉다. 처량하다. 복수심을 느낀다. 배신감을 느낀다.

형제는 늘 이기고 싶어서 다툰다. 그래서 우기기도 하고 반칙도 하고 화도 낸다. 이기고 싶다는 목적은 같지만, 정작 아이의 마음을 천천히 살펴보니 느끼는 감정에는 차이가 있다. 감정을 찾았으면 다음 단계는 왜 그런 감정을 느꼈는지 이유를 알아봐야 한다. 그 속에 아이가 어떤 생각을 갖고 있는지에 대한 실마리가 들어 있기 때문이다.

각 감정을 느끼는 이유 깨닫기

준수에게 자신의 감정에 대한 이유를 하나씩 물어보았다.

"싫다고 하면 어떻게 해야 할지 모르겠어요. 시간은 끝나 가는데 게임을 못해서 초조해요. 그냥 제가 형이니까 형 말대로 하면 되는데 영수는 왜 안 들어 주는지 이해가 안 가요. 영수가 한 번도 내 말을 들어 주지 않아서 원망스러워요."

이번에는 영수가 말하는 자신의 감정에 대한 이유이다.

"만날 형은 자기가 하고 싶은 대로 하자고 해요. 내 말을 한 번도 안 들어 준다고요. 진짜 얄미워요. 내가 전에 형 말 들어 줬는데도 자기 마음대로만 하잖아요. 이건 배신이에요. 진짜 복수하고 싶어요. 만날 이런단 말예요. 내 말 들어 주는 사람은 한 명도 없어요."

각각의 이유에는 아이가 옳다고 생각하는 가치 기준이 숨어 있다. 준수는 게임을 하는 것이 매우 중요하다. 그래서 게임을 멈추고, 자신의 감정을 찾고 그 이유를 말하는 작업 중에 게임이 끝날까 봐 초조해한다. 놀고 싶고 이겨야 한다는 목적의식이 너무 강해서, 잠시 멈추고 마음을 돌보는 일이 무척 힘겹게 느껴지는 것이다. 그러니 일상에서 자기 마음을 돌보는 일을 제대로 하기 어려울 수밖에 없다.

또한 영수가 자기 말을 거절하면 크게 당황한다. 당황하지만 다른 해결 방법을 알지 못해 그냥 늘 자기 생각만 우기는 방식으로 살아왔다. 게다가 준수는 중요한 생각 한 가지가 왜곡된 현상을 보인다. 자기 의견을 동생이 그냥 받아 주면 되는데 왜 거절하는지, 이해하지 못한다는 것이다. 그런 생각을 가졌으니 늘 동생이나 친구와 문제가 발생할 수밖에 없다.

영수는 어떠한가? 형뿐만 아니라 세상에 그 누구도 자기 말을 들어 주지 않는다고 말한다. 따뜻하게 공감받은 경험이 부족할 때 나타나는 현상이다. 영수는 자신이 형의 말을 수용한 적이 있다는 것을 정확히 기억한다. 자신이 그랬으니 형도 자기 말을 들어 주고 수용해 주어야 한다고 주장한다. 하지만 그런 마음을 표현하는 방법을 알지 못할 뿐 아니라 자신이 형에 대해 어떤 생각을 갖고 있는지 인식하지 못하고 있다. 따라서 두 아이가 서로에게 무엇을 원하고 있는지 알아보는 것이 중요하다.

서로 원하는 것 말하기

협상에는 서로 원하는 요구 조건이 있다. 먼저, 아이들이 떼쓰고 우길 때 요구하는 것도 요구이다. 그런데 자신의 감정을 이해하고 난 다음 아이들의 요구는 좀 달라진다.

1학년 남자아이가 엄마한테 꼭 할 말이 있다며 하는 말이 받아쓰기 연습이 싫다는 말이었다. 그러면서 받아쓰기가 얼마나 싫은지 한참을 말한다. 혹시 또 엄마한테 하고 싶은 말이 없냐고 물으니 이번엔 레고가 꼭 갖고 싶단다. 다른 아이들이 얼마나 많은 레고를 가졌고, 자기는 어릴 때 쓰던 커다란 레고밖에 없다며 하소연한다. "그랬구나. 그랬겠다."라며 아이 마음을 충분히 읽어 주었다. 그리고 질문했다.

"그럼 넌 레고가 있으면 받아쓰기는 어렵지 않겠다는 뜻이야?"

갑자기 아이가 "네."라고 크게 대답한다. 어쩌면 아이가 받아쓰기가 싫다고 떼쓴 것은 레고를 갖지 못한 불만 때문이었나 보다. 뭔가 막힌 감정이 아이로 하여금 다른 것에 대한 불만을 갖게 한다는 의미이다. 아이들에게 감정이란 이런 역할을 한다. 마음을 불편하게 하는 감정이 아이의 마음을 차지하고 있으면 아이는 자신이 해야 할 학습과 도덕적 의무들에 대해 거부감을 갖는다. 그러니 질문하고 공감하면서 아이가 진짜 원하는 것을 찾아 표현하도록 도와줘야 한다.

다시 준수와 영수 이야기가 어떻게 마무리 되는지 살펴보자. 서로에게 바라는 것을 글로 써 보라고 하였다. 글은 말보다 더 큰 힘을 발휘한다. 물론 아이들이 쓰라고 한다고 쉽게 쓰지는 못한다. 그럴 땐 아이가 하나씩 말할 때마다 지지하고 맞장구 쳐 주면서 그 말을 쓰라고 하면 된다.

준수가 동생에게 바라는 것	형이 말할 때 끼어들지 말기. 형이니까 내 말 잘 듣기. 절대 반칙 안 할 테니 내 말 믿어 주기.
영수가 형에게 바라는 것	형이 소리 안 지르기. 웃으면서 말하기. 화내지 않기. 세 번 중에 한 번이라도 좋다고 말해 주기. 나 속이지 말기.

이제 각 항목마다 서로에게 요구를 들어 줄 수 있는지 물었다. 둘 다 의외로 활짝 웃으며 다 들어 주겠노라고 한다. 그리고 며칠간 두 아이는 사이좋게 놀았다. 단지 며칠간이다. 그 다음 형제는 다시 다투기 시작한다. 하지만 그렇다고 실패한 협상은 절대 아니다. 협상이 효력을 발휘하다 다시 문제가 발생하면 또 협상을 할 때가 되었다는 신호로 해석하는 게 맞다. 그렇게 아이들은 자란다.

약육강식의 논리를 배운
아이를 위한 협상

: 공격적인 아이

"저런 애는 맞아야 해요. 때려야 돼요. 그래야 정신 차려요."

마치 화가 난 어른이 하는 말 같지만 사실 7살 지혁이가 하는 말이다. 어린아이의 입에서 나온 말이라 믿기 어려울 정도로 폭력성이 드러나는 말이다. 지혁이 엄마의 말을 들어 보자.

"지혁이가 친구를 잘 때려요. 친구들하고 놀다가 자기 마음대로 안 되면 바로 주먹이 나가요. 어디서건 성질나면 씩씩거리고 인상 쓰고 소리 질러요. 친구에게 '나쁜 ××'라는 욕도 해요. 이러니 아무도 아이 곁에 가려고 하지 않죠. 아무도 놀아 주지 않으면 더 성질나서 친구에게 다가가 손에 걸리는 대로 밀치고 때리고 다녀요. 그런데 자기보다 더 힘이 센 아이에게는 말도 제대로 못 해요. 자기가 갖고 놀던 장난감을 가져가도 가만히 있어요. 그러다가 갑자기 자기 가슴을 치거나 벽과 방바닥에 머리를 찧고, 손을 무는 행동을 하기도 해요. 제발 그러지 말라고 해도 달라지지가 않아요. 우리 아이 도대체 왜 이럴까요? 동생이 생기면 애들이 달라진다고 하지만, 제가 특별히 동생만 예뻐하는 것도 아니거든요. 어떻게 하면 자기 마음을 제대로 표현할 수 있게 할까요?"

지혁이가 날 때부터 이런 아이로 태어난 건 절대 아니다. 무슨 연유인지 몰라도 아이는 폭력적 문제 해결 방법을 생존의 기술로 습득하고 있다. 자기보다 약한 아이에게는 폭력적으로, 자기보다 강한 아이에게는 꼼짝도 못 하는, 그야말로 약육강식의 방식이다. 이런 경우에는 말로 설명한다고 해서 아이의 행동이 달라지기 어렵다. 먼저 아이의 화난 마음, 상처 난 마음을 충분히 토닥여 주고 위로해 주는 과정이 필요하다. 그 다음엔 아이가 왜 이런 부정적이고, 왜곡된 신념을 마음에 품게 되었는지 살펴보아야 한다. 때리거나 욕하면 안 된다는 사회적 규칙을 아이가 다시 받아들이고 규범에 맞는 방식으로 친구와 협상하며 즐겁게 놀 수 있다는 것을 경험하도록 해야 한다.

어린아이들의 문제 행동이 수정되는 두 가지 방법이 있다. 하나는 충분히 공감해 주고 사랑해 주어 다시 안정적인 애착과 심리적 안정을 얻게 하는 방법이다. 또 한 가지는 바람직한 방법을 통해 원하는 것을 얻는데 성공하는 성취 경험을 얻게 하는 것이다. 단 한 번으로 되는 것이 아니라 여러 번 반복적 경험을 하는 것이 좋다. 두 가지 방법을 다 복합적으로 사용해 보자. 무엇보다 자신이 원하는 것을 차분히 말로 해도 얻을 수 있다는 경험을 하게 하는 것이 중요하다. 현재 지혁이의 외롭고 슬프고 화나는 감정을 알아주는 게 절대적으로 필요하다. 그리고 그런 상태에서 자신의 마음을 말로 표현해도 안전하다는 것도 인지하도록 해야 한다. 아이의 요구를 수용해 주면서 함께 조율해서 아이도 만족하는 협상을 이끌어야 한다. 지금 아이가 보이는 문제 행동은 심각할 수 있지만, 그런 행동이 나타나게 된 원인은 단순할 수 있다. 그리고 지혁이의 변화를 주도할 사람은 지혁이가 아니라 엄마이다. 엄마의 말을 들으면 지혁이만 문제이고 엄마는 잘하고 있는 것처럼 보인다. 그러나 절대 그렇지 않다. 안타깝게도 '문제 아이는 없다. 문제 부모가 있을 뿐이다.'라는 말이 지혁이 엄마에게도 해당될 것 같다. 엄마가 말한 부분에서 놓치고 있는 부분을 살펴보자.

: 엄마와의 말에서 빠진 부분을 찾아내기 :

　엄마는 지혁이의 문제 행동만을 주로 말하고 있다. 하지만 엄마가 아이의 행동에 어떤 반응을 보였는지, 동생만 예뻐하지 않고 지혁이에게 어떤 애정 표현을 했는지 아무것도 언급하지 않았다. 지혁이의 문제 발생 원인을 알아보기 위한 질문들이다.

/ 지혁이가 문제 행동을 할 때, 엄마의 훈육 방식은?
/ 지혁이가 문제 행동을 하지 않을 때, 엄마의 반응 방식은?
/ 동생을 돌볼 때, 엄마의 태도는?
/ 엄마, 동생, 지혁이가 함께 있을 때, 동생에 대한 엄마의 태도는?
/ 엄마, 동생, 지혁이가 함께 있을 때, 지혁이에 대한 엄마의 태도는?
/ 엄마와 지혁이 단 둘이 있을 때, 엄마가 지혁이에게 보이는 태도는?
/ 지혁이가 현재와 같은 행동을 보이기 시작한 때는?
/ 아빠의 훈육 방식은?
/ 지혁이가 하루 중 마음 편히 즐겁게 엄마 아빠와 노는 시간은 얼마나 되나?
/ 지혁이가 하루 종일 가장 많이 하는 말은?
/ 엄마가 지혁이에게 가장 많이 하는 말은?
/ 아빠가 지혁이와 나누는 대화는?

아마 위 질문에 대한 대답만 적어 보아도 지혁이의 문제 행동이 왜 생겨났는지 쉽게 알 수 있게 된다. 지혁이 엄마는 동생이 태어나기 전까진 지혁이에게 온통 마음을 쏟았다. 하지만 첫 아이라 잘 키워야 한다는 부담감에 아이를 다그치거나 혼내거나 강요하는 일도 많았다. 또한 지혁이 엄마는 아이에게 엄격한 편이다. 아이와 즐겁게 노는 것을 어려워한다. 깔끔한 성격이라 아이가 음식을 흘리거나 컵을 깨뜨리기라도 하면 따끔하게 혼낸다. 그래도 한글도 빨리 깨치고 학습지를 시켜도 잘 따라와 줘서 잘 자라고 있는 줄만 알았다. 동생이 태어났을 때부터 유치원에서 문제 행동이 나타나기 시작했다. 점점 문제 행동이 많아지기 시작하더니 점점 심각해졌다.

: 지혁이를 위한 특별한 협상 :

아이의 불안한 마음 읽어 주기

지혁이에게 가장 필요한 건 무엇일까? 지혁이는 어려서부터 너무 엄격한 훈육을 받아서 심리적 안정감이 많이 부족하다. 부모의 무한한 사랑을 확인해야 할 시기에 그러지 못해 왠지 사람이 무섭고 두렵다. 자신이 원하는 대로 되지 않으면 엄격하게 혼을 내야 한다는 생각이 자리 잡고 있다. 자신이 받은 대로 혹은 그보다 더 보태서 친구를 대하게 되는 것이다. 동생이 태어나면서부터 엄마의 사랑을 빼앗길 것 같은 두려움, 더 이상 자신을 사랑하지 않는 것 같은 외로움과 슬픔이 생겼다. 그렇다면 지혁이를 위한 협상은 아이에게 가장 필요한 것을 채워 주는 역할부터 시작하는 것이 중요하다.

"속상하지? 슬프구나. 많이 겁나지? 무섭구나." 이렇게 아이의 마음속에 숨어 있는 진짜 속마음을 찾아서 읽어 줘야 한다. 엄마가 잘 몰라서 제대로 해 주지 못했던 담아내기(Containment)를 다시 엄마가 해 주어야 한다. 이렇게 말하면 불안과 분노로 가득 차 있던 아이의 마음이 점점 무장해제 되기 시작한다.

지혁이가 원하는 것 먼저 말해 주기

지혁이 같은 경우에는 자신이 진짜 원하는 것을 말하기가 어렵다. 그러니 짐작되는 것들을 여러 가지 말해 준 후, 아이가 자기 마음에 가장 가까운 걸 선택하게 하는 것이 좋다. 주말에 아빠가 지혁이에게 묻는다.

"지혁아, 오늘 아빠랑 재미있게 놀자. 오늘 뭐하고 싶어?"

아마 아이가 눈치 보는 모습이 못마땅할 수 있겠지만 지금 그 점을 지적하지는 말자. 이런 부분은 아이의 마음이 안정되면 저절로 나아진다. 눈치 보며 제대로 말하지 않는다면 이제 아이가 고를 수 있는 종목을 나열해 주자.

"놀이터에 나가서 놀까? 축구할까? 둘이만 맛있는 피자 사 먹고 올까?"

"아빠가 책 읽어 줄까? 우리 둘이 영화 보러 갈까?"

천천히 하나씩 말하다 보면 아이는 마음에 드는 것에 반응한다. 아이를 위한 특별한 협상이 성공한 것이다.

지혁이와 즐거운 시간 갖기

수시로 아이가 선택한 놀이를 재미있게 진행하자. 놀이를 진행하면서 경쾌한 분위기를 유지하는 것이 중요하다. 아이들은 놀 때가 가장 마음이 건강하다. 놀이에 빠진 아이는 자신의 무의식을 활짝 열고 온몸으로 자신을 표현하기 시작한다. 엄마 아빠와 마음이 통하고 다시 믿음도 쌓이기 시작한다. 즐겁게 놀면서 수시로 칭찬해 주면 지혁이의 마음은 빠른 속도로 회복된다.

"재미있는 놀이를 골랐네. 우리 재미있게 놀자. 약속."

"이런 걸 잘하는구나."

"멋지다. 너랑 노니 너무 즐겁고 행복하다."

아이의 강점과 장점 찾아 지지하기

본격적인 행동 수정을 위해서는 아이의 행동 속에 장점을 찾아 말해 주는 일이 중요하다. 자신이 몰랐던 자신의 가치를 깨달아야 아이들은 좋은 행동을 선택할 힘이 생긴다.

지혁이의 현실은 참 팍팍하다. 집에서건 유치원에서건 긴 시간 동안 아이는 끊임없이 불안하고 외롭고 슬프다. 그러니 아이의 마음속에 자기 자신에 대한 버팀목이 될 수 있는 심리적 자산을 만들어 주어야 한다. 엄마가 동생을 돌보고 있을 때 혼자의 시간을 견딜 수 있는 힘, 엄마의 사랑을 동생과 나누어도 자신에 대한 사랑이 달라지지 않을 거라는 믿음은 어디서 나올까? 바로 아이의 강점과 장점을 찾아 주는 일이다. 아이의 소소한 장점이라도 찾아내어 아이에게 말한다.

"넌 참 생각을 잘하는구나."

"넌 과학자처럼 집중을 잘하는구나."

"넌 재미있는 아이디어를 참 잘 만드는구나."

아이는 무엇으로 사는가? 바로 자신이 꽤 괜찮은 사람, 마음먹으면 제대로 할 수 있는 사람, 남에게 도움이 되는 사람, 얼마든지 멋지게 성장할 수 있는 사람이라는 확신이 있을 때, 크고 작은 어려움을 견뎌내고 당당하게 자기 자신으로 살아갈 힘이 생긴다. 그래야 친구 관계에서도 당당하면서도 따뜻한 인간관계를 만들어 갈 수 있다.

거짓말을 하는 아이와 협상하기

: 거짓말을 하는 아이들 :

사랑하는 아이가 거짓말을 한다는 사실을 알게 되면 정말 속상하다. 빨리 나쁜 버릇을 고쳐 주어야 한다는 조바심이 든다. 아이들은 왜 거짓말을 할까? 몇 살부터 거짓말을 할까? 거짓말에도 좋고 나쁜 것이 있을까? 거짓말에 대해 생각하다 보면 참 많은 것들이 궁금해진다. 거짓말하는 아이와도 협상이 가능할까? 협상할 때조차 거짓말로 하면 어떡하지? 하지만 너무 크게 걱정하지 않아도 된다. 아이의 문제 행동은 결과적으로 나타나는 현상일 뿐이다. 아이가 거짓말을 하면 우선 그 이면에 어떤 이유가 있는지 살펴보아야 한다. 어떤 것을 모면하기 위해서라면 피하고 싶은 상황이 무엇인지, 무엇이 불편한 것인지 알아볼 필요가 있다.

  7살 하윤이는 자주 거짓말을 한다. 자기가 한 행동을 하고도 안 했다고 하고, 친구 장난감을 자기 것이라고 우기기도 한다. 때로는 엉터리로 말을 지어내기도 한다. 유치원에서 반찬을 안 남겨서 칭찬 받았다고 했는데, 알고 보니 그날도 싫어하는 야채는 먹지 않았다. 자기가 물컵을 엎질러 놓고 공연히 동생 때문이라며 운다. 엄마는 아이가 자꾸 없는 말을 지어내거나 거짓말하는 것을 그대로 두면 안 될 것 같아 거짓말이 들통 날 때마다 혼을 냈는데 효과는 전혀 없었다. 오히려 하윤이의 거짓말은 날이 갈수록 심해진다. 엄마는 하윤이의 나쁜 거짓말 버릇을 어떻게 고치면 좋을지 모르겠다.

  초등학교 6학년 현석이 엄마의 고민은 더 깊다. 현석이는 학원을 자꾸 땡땡이치고선 거짓말을 한다. 금방 들통 날 거짓말을 하고도 아이는 너무 뻔뻔하다. 얼마 전부터 학원에서 아이가 도착하면 문자를 보내 주는데도 '아무도 안 볼 때 들어갔다.' '선생님이 바빠서 문자 안 보낸 거다.'라며 거짓말을 한다. 엄마는 아무리 생각해도 이건 너무 심하다는 생각이 든다. 거짓말을 하는 것은 엄마를 무시하는 것 같고, 아이가 점점 삐딱해지는 것 같아 불안해서 견딜 수가 없다. 이러다 중학생이 되면 어떨지 상상만 해도 너무 걱정된다. 현석이 엄마는 현석이의 거짓말 버릇만 고칠 수 있다면 뭐라도 하고 싶은 심정이다.

사랑하는 아이의 입에서 거짓말이 나오는 모습은 너무 속이 상한다. 속상하고 화가 나니 아이를 따끔하게 혼을 내서 고치려 한다. 그러나 별 효과가 없다. 혼내고 화낸 다음엔 무엇을 해야 할까? 중요한 건 그 다음이다. 우리 아이가 왜 거짓말을 하는지 이유를 알고 그에 적절하게 대처해야 한다. 단언컨대 나쁜 의도보다 긍정적 동기가 더 많다. 아이의 잘못된 행동은 늘 새로운 배움을 깨달을 수 있는 기회가 된다. 이렇게 생각하면 아이의 거짓말에 더욱 효과적으로 대처할 수 있다.

: 거짓말하는 이유를 알아야 협상이 가능하다 :

아이들은 왜 거짓말을 할까? 아이들에게 물어보니 '그냥.' '재미로.' '혼날까 봐.'라고 대답한다. 무심코 하는 말속에는 거짓말을 하는 아이의 진짜 이유와 거짓말을 할 수밖에 없는 아이의 심리가 드러난다. '그냥.'이라는 말속에는 거짓말을 하는 게 더 낫다는 상황 판단이 있기 때문이다. 재미로 하는 아이라면 아마 그로 인한 상대의 반응, 거짓말에 속아 넘어가는 모습에 짜릿한 재미를 느끼는 것이고, 혼날까 봐 거짓말을 하는 아이라면 자기 잘못을 감추기 위한 수

단으로 활용한다는 의미이다.

일반적으로 아이들이 3세 정도가 되면 거짓말을 시작하는 것으로 알려져 있다. 어린아이들이 거짓말을 하는 첫 번째 이유는 부모의 관심과 칭찬을 얻기 위해서이다. 어린이집에 가면서부터는 친구나 선생님에게 관심과 칭찬을 받기 위해서 시작하는 경우가 많다. 누구나 시작하는 것으로 보는 것이 자연스럽다. 그리고 이때 많이 하는 거짓말은 상상과 현실을 결합하여 꾸며낸 말이 많다. 아이가 상상한 것이면 '재미있는 상상이네.'라고 말해 주고, 거짓말이면 '그건 거짓말이야. 그럴 땐 이렇게 말하는 거야.'라고 가르쳐 주면 된다.

두 번째는 잘못을 회피하기 위한 거짓말이다. 책을 찢고선 자기가 안 했다고 하고, 친구를 꼬집고서도 안 했다고 한다. 혹은 친구가 먼저 때려서 자기도 때렸다거나, 친구가 나랑 안 논다고 해서 자기가 친구 물건을 집어 던졌다며 거짓 핑계를 대기도 한다. 초등학생으로 올라가면 행동은 더욱 심각해진다. 거짓말을 회피하기 위해 더 큰 거짓말을 하게 되기도 한다.

세 번째는 거짓말로 인해 이득을 보는 경우이다. 4~5세가 되어도 아직 미성숙하기 때문에 눈에 뻔히 보이는 거짓말을 많이 사용한다. 하지만 초등학생이 되면 도덕적 개념도 발달하고 옳고 그름을 구분하게 된다. 거짓말의 의미와 거짓말로 인한 부정적인 결과가 어떤 것인지도 알게 된다. 물론 정직하기 위해서는 용기가 필요하다는 것을 머리로는 이해하기 시작한다. 하지만 아직 바른 생각을 행동으로 옮기기에는 너무나도 미숙하다. 점점 자라면서 거짓말의 범위는 넓어진다. 거짓말로 인해 자신에게 어떤 일이 벌어지는지, 거짓말 때문에 생기는 부정적인 결과도 점점 이해하게 된다. 하지만 거짓말이 이제 슬슬 습관이 되면서 거짓말 고치기는 더욱 어려워진다. 자신이 한 거짓말이 발각되지 않기 위해 또 다른 거짓말을 하게 되는 악순환의 구조를 갖게 된다. 우리 아이가 그렇게까지 되기 전에 도와줘야 한다. 아이들이 거짓말하는 이유를 정리해 보면 다음과 같다.

● 아이가 거짓말을 하는 이유

1. 상상과 현실 구분이 미성숙한 단계
2. 관심과 칭찬, 사랑을 받기 위해
3. 잘못을 회피하기 위해서, 혼날까 봐
4. 거짓말로 이득을 얻기 때문에
5. 거짓말을 한 사실을 감추기 위한 거짓말
6. 솔직하게 말할 용기가 없어서
7. 솔직하게 말하고 난 뒤 어떤 일이 벌어질지 두려워서

다른 친구의 물건을 가지고 와서 친구가 주었다고 말하는 아이는 욕구 불만이 있거나 부모에게 혼날까 봐 거짓말을 하는 것일 수 있

다. 경험하지 않은 일을 해 봤다고 하거나, 거짓으로 잘난 척하는 아이는 관심과 인정을 받고 싶은 욕구가 강한 것일 수 있다. 이럴 때는 아이와 충분히 소통하고 있는지 살펴보아야 한다.

이제 거짓말하는 아이의 행동을 수정하기 위해 부모가 할 일은 제대로 된 협상을 통해 아이가 지킬 수 있는 행동의 수칙을 정하고 작은 일부터 하나씩 지켜나가도록 돕는 일이다.

거짓말을 하다가 방향이 바뀌어 솔직하고 정직한 아이로 성장하는 아이도 있고, 점점 더 거짓말을 많이 하는 아이로 자라는 아이도 있다. 당연히 우리 아이는 전자의 길을 걸어야 한다. 솔직하고 용기 있는 아이로 키우기 위한 부모의 바람직한 협상법을 살펴보자.

: 거짓말을 하는 아이를 위한 협상법 :

거짓말을 고치고 싶다는 목표 명료화하기

아이는 거짓말하는 게 좋을까? 거짓말하고 난 다음 들킬까 봐 조마조마해 본 사람들은 잘 안다. 무심코 한 거짓말 때문에 가슴이 콩닥거리고 엄마 아빠와 눈만 마주쳐도 겁이 난다. 한마디로 아이도 자신이 거짓말하는 것을 싫어한다는 말이다. 그러니 거짓말하는 아이와 협상하기 위해서는 우선 두 사람의 목표가 똑같다는 사실을 아이에게 이해시켜야 한다. 이렇게 대화를 시작해 보자.

"엄마는 네가 솔직하게 말하는 법을 배웠으면 좋겠어. 넌 어때?"

솔직히 말하기 어려울 때를 위한 신호 정하기

뭔가 잘못했지만 그 잘못을 솔직하게 말할 용기는 없다. 아이들은 그럴 때가 참 많다. 우유를 엎질렀을 때도 그렇고, 먹지 말라는 과자를 먹었을 때도 그렇다. 형 장난감을 망가뜨리거나 엄마가 중요하게 생각하는 수첩을 모르고 찢었을 때도 그렇다. 잘못은 했지만 솔직하게 말하기 어려울 때 아이들은 거짓말을 한다. 그러니 잘못을 말하기 쉽게 여기도록 뭔가 장치가 필요하다. 작은 인형을 하나 정해서 달아 놓자. 식탁 근처나 냉장고 문도 괜찮고, 아이 책상 앞도 좋다. 평소 앞을 보고 있던 인형을 뒤로 보게 해 놓으면 뭔가 엄마에게 할 말이 있다는 신호로 정한다. 별 스티커를 냉장고 옆에 정해진 자리에 붙인다거나, 엄마를 뒤에서 껴안는 백허그도 좋다. 엄마와 아이, 아빠와 아이 둘만 통하는 신호를 만든다. 신호만 정해도 아이들이 솔직하게 말할 수 있는 확률이 매우 높아진다.

말하기는 참 어렵다. 하지만 신호를 주는 것은 쉽다. 아이들은 자기가 말하지 않아도 누군가 자기 마음을 알아주기를 바란다. 그런데 바쁜 부모는 아이의 미세한 표정 변화까지 알아차리기가 어렵다. 그럴 때를 위한 보조 장치이다. 보조 장치이지만 의외로 매우 큰 효과를 발휘한다. 아이가 솔직하게 말하고 싶을 때, 엄마가 자기 마음을 알아주기를 바랄 때, 신호를 정해 그 신호로 표시하도록 가르치면 된다. 가끔 장난을 칠 때도 있겠지만, 이런 소통의 통로는 여러 가지 일수록 좋다. 거짓말을 하지 않는다는 목표를 정해도 자신의 잘못을 말하기 어려운 아이라면 이러한 신호를 정하는 일이 매우 중요하다.

거짓말을 하지 않는 것에 대한 보상 정하기

아이가 솔직하게 잘못을 인정할 때는 적절한 심리적 보상을 해 주자. 아이가 좋아하는 간식을 만들어 주거나, 엄마의 마음이 담긴 짧은 편지를 써서 아이에게 전하는 것도 좋다. 용기를 내어 솔직하게 말하는 것에 대한 칭찬과 격려는 아이가 더 바람직한 행동을 할 수 있도록 하는 큰 동기가 된다.

"정직하게 말했구나. 정말 기특하다. 엄마도 기뻐."

거짓말의 순기능을 가르치고 싶을 때

'해와 달이 된 오누이'에서 오빠는 참기름을 손에 바르고 나무 위로 올라왔다고 거짓말을 한다. 반대로 동생은 도끼로 찍어서 올라왔다고 진실을 말한다. 진실을 말했기 때문에 두 남매의 목숨은 위태로워졌다. '토끼와 자라'에서 자라에게 속아 바닷속 용궁 구경을 간 토끼는 간을 육지에 두고 왔다는 거짓말로 위기를 모면하고, 다시 육지로 돌아와 목숨을 건진다. '구덩이에 빠진 어리석은 호랑이'에 서는 길 가던 나그네가 구덩이에 빠진 호랑이를 구해 주니 호랑이가 나그네를 잡아먹으려 한다. 억울한 나그네가 토끼를 붙들고 재판을 해 달라고 하니 토끼는 잘 모르겠다며 호랑이가 처음에 어떻게 있었는지 보여 달라고 한다. 호랑이가 다시 구덩이에 들어가자 은혜도 모르는 호랑이라 야단치고 나그네를 구해 준다. 이렇게 통쾌한 거짓말도 있다.

거짓말에는 이렇게 양면성이 있다. 선의의 거짓말, 진짜 위기를 모면하기 위한 거짓말이다. 그런데 부모 입장에서 이런 거짓말이 있다고 말하기는 참 많이 불편하다. 그럴 땐 옛이야기를 들려주자. 거짓말의 순기능과 적절하게 사용할 때가 언제인지 잘 배우게 될 것이다.

도벽 있는 아이와 협상하기

: 훔치는 아이들 :

    6살 호영이와 마트에 다녀온 엄마는 깜짝 놀랐다. 엄마가 사 주지도 않은 초콜릿을 아이가 먹고 있었다. 아이에게 다그쳐서 물어보니 마트에서 그냥 주머니에 넣어 왔단다. 아이에게 돈을 내지 않고 가져오는 것은 잘못된 행동이라 말하고, 굳이 아이를 데리고 마트에 가서 아이가 보는 앞에서 죄송하다 말하고 계산을 하였다. 아이에게는 다시는 그러지 말라고 말하고 손가락 걸고 약속도 했다. 하지만 엄마 마음은 무척 불안하다. 아직 어린아이라 개념이 없을 텐데 마트에 가면 또 몰래 주머니에 넣어 올까 봐 걱정된다. 그리고 보니 가끔 유치원 가방에는 유치원 장난감이 들어 있기도 했었다. 그걸 별일 아닌 것으로 생각했던 게 마음에 걸린다. 혹시 아이가 벌써 습관이 된 건 아닐까? 도벽이 생기면 어떡하지? 엄마는 이제 어린아이의 도벽이 인생의 가장 큰 고민거리가 되었다.

4학년 진영이 엄마는 맞벌이를 한다. 가까이에 할머니가 계셔서 어릴 적부터 할머니가 진영이를 키워 주셨다. 주변의 부러움을 살 정도로 아이가 제 할 일을 잘했다. 공부도 잘하고 친구에게 인기도 많다. 어느 날 동네에서 아이 친구들을 두 명 만났다. 아이들은 예쁘게 인사하며 이렇게 말한다. "전에 햄버거 잘 먹었어요. 엄마한테 용돈 받았다고 사 줬어요. 감사합니다." 엄마는 친구랑 셋이서 햄버거를 먹을 만한 용돈을 주지 않았는데 이상하다 싶어 아이를 추궁했다. 처음엔 아니라고 잡아뗐다. 솔직하게 말하라고 여러 번 말하니 아이가 오빠 서랍에서 돈을 꺼냈단다. 이번이 처음이라고 잘못했다며 싹싹 빌었다. 그런데 엄마는 이제 진영이의 말을 믿기가 어렵다. 혹시 엄마나 아빠 지갑에서도 돈을 꺼낸 적이 있는 건 아닌지, 이런 걸 더 알아보려면 어떻게 해야 할지 모르겠다. 어떻게 아이에게 도벽이 생길 수 있는지 용서가 되지 않는다. 이런 행동을 완전히 뿌리 뽑으려면 더 벌을 주거나 따끔하게 혼내는 게 나을지, 아니면 상담이라도 받아야 할지 고민된다.

5학년 지훈이는 좀 다른 경우이다. 지훈이는 학교에서 도둑으로 몰랐다. 평소 지훈이가 산만하고 잘 떠드는 아이지만 절대 물건을 훔치는 아이는 아니었다. 그런데 친구 휴대전화를 가져가서 돌려주지 않았다고 한다. 휴대전화를 잃어버린 아이가 선생님께 말해서 찾느라고 모두 소지품 검사를 했다. 그런데 지훈이 가방에서 그 휴대전화가 나왔다. 지훈이 엄마는 이렇게 말한다.

"우리 아이도 산지 얼마 안 된 스마트폰이 있어요. 최신 것으로 얼마 전에 바꿨어요. 절대 훔쳤을 리가 없죠. 그런데 가방에서 나온 걸 본 반 친구들이 전부 도둑이라며 수군대니, 아이가 억울하다며 집에 와서 하소연해요. 담임선생님은 아이들에게 그냥 갖고 놀다 잊어버리고 자기 가방에 넣었나 보다고 좋게 말씀해 주셨지만, 한번 도둑이라고 낙인찍혀서 친구들 사이에서 괴로울 텐데 어떻게 하면 좋을까요?"

아이가 뭔가를 훔쳤다는 말을 들으면 부모는 정말 가슴이 턱 막힌다. 어떻게 내 아이가 도둑질을 할 수가 있지? 아이의 용돈이 그렇게 부족하지 않다고 생각할 때는 더욱 그렇다. 아이가 뭔가를 훔칠 때 그냥 넘어가는 부모는 없다. 당연히 아이를 혼내고 올바른 행동을 가르친다. 그런데 경험해 본 부모는 알겠지만 한번 물건이나 돈을 훔친 아이는 이상하게 도벽이 생기기 쉽다. 훔치는 행동이 잘 없어지지 않는다는 말이다. 왜 혼내고 가르쳐도 아이의 행동에 변화가 없을까? 아이의 문제 행동을 고치기 위해선 거짓말과 마찬가지로 왜 그런 행동을 하는지 원인을 알아야 한다.

: 훔치는 이유를 알아야 협상이 가능하다 :

아이가 갖고 싶은 물건이 있다. 돈은 없다. 그러면 아이들이 마음속으로 떠올리는 방법은 어떤 게 있을까? 앞의 사례를 보아도 알겠지만 경제적 형편과는 별개의 문제이다. 4학년 진영이네는 형편이 괜찮은데도 아이는 허락을 받지 않고 오빠의 서랍에서 돈을 훔쳤다. 엄마에게 돈을 달라는 요구는 왜 하지 않았을까 궁금해진다. 분명 단순하게 돈이 없어서라기보다는 뭔가 더 심리적인 이유도 있었을 것 같다는 생각이 든다. 훔치는 아이의 마음을 다시 들여다보자.

- 우선, 경제적 형편이 어려운 경우이다. 친구들은 자신이 갖고 싶은 것들을 많이 가지고 있는 반면, 자신은 너무 비참하다. 부러운 마음이 충동을 일으켜 훔치는 경우이다. 부당한 방법으로 얻으면 안 된다는 도덕적 양심이 충동 앞에서 힘없이 흔들리게 된다.
- 자신이 능력 있다는 것을 입증하기 위해 훔치는 아이도 있다. 마치 백 점 받은 아이가 친구들 앞에서 으스대듯, 친구들이 못하는 용감한 행동을 자신은 할 수 있다고 증명하기 위해 도둑질을 한다.

무용담을 들려주듯 친구들 앞에서 떠벌리기도 한다. 이런 행동이 반복되면 도둑질을 할 때의 흥분감에 중독될 수 있다.

- 누군가 훔치는 것을 보며 따라서 훔치는 경우이다. 부모나 친한 친구 등 자신과 중요하게 관계있는 사람이 그런 행위를 하면 자신도 모르게 도둑질로 빠져들게 된다.

- 심리적 도벽도 있다. 부모의 사랑과 관심이 부족한 경우에 나타난다. 훔친 돈으로 친구에게 떡볶이를 사 주거나 PC방 이용료를 내 주고 환심을 얻는다. 심리적으로 외로운 아이에게 돈은 친구를 살 수 있는 도구, 즉 외로움을 달래 주는 도구가 된다. 그러니 어떻게 그 행동을 포기할 수 있겠는가.

- 습관적 도벽도 있다. 돈이 없는 것도 아닌데 물건을 훔치는 경우이다. 이 경우엔 뭔가 필요하다는 것보다 행위 자체에 의미가 있다. '몸이 근질근질한데 한탕 해 볼까?'라는 영화의 대사처럼 훔치기 직전의 긴장감, 두근거림, 도둑질 이후의 긴장 이완이 반복되며 심리적인 만족감을 얻는다.

- 자신이 가져간 줄 모르는 아이도 있다. 앞에서 5학년 지훈이의 경우가 여기 해당된다고 볼 수 있다. 평소 산만하고 주의력이 부족한 아이가 자주 하는 실수이다. 잠시 손에 갖고 있다가 무심코 어딘가에 둔다. 친구 물건인데 넣어둔 곳이 자기 가방이라면 객관적으로 이건 도둑질에 해당된다. 다만, 아이는 자신이 그런 줄 모르고 있다.

이런 경우도 있다는 것을 알면 무조건 도둑으로 몰기보다 대안을 마련하는 데 집중할 수 있다.

우리 아이가 뭔가를 훔치는 이유는 어느 경우에 속할까? 사실 유아나 초등학생이라면 심리적 도벽이 대부분이다. 가정 형편이 좋지 않아 그런 경우가 있기도 하지만, 형편이 어렵다고 누구나 물건을 훔치진 않는다. 분명 자기 형편을 비관하고 좌절하는 심리적 원인이 더 큰 이유가 된다는 말이다. 아이의 도둑질이 들키건 들키지 않건 근원적 문제가 해결되고 자존감이 높아져야 아이의 행동이 달라질 수 있게 된다.

: 죄일까? 아닐까? :

도벽이 생긴 아이와 협상을 하기 전에 부모가 먼저 정확하게 알아야 할 지식이 몇 가지 있다. 부모의 사소한 행동이 아이들의 도덕적 개념을 혼란스럽게 할 뿐 아니라, 부모 자신도 자신이 어떤 문제 행동을 하고 있는지 판단하기 어려울 수 있다. 다음 문제를 생각해 보자.

질문 1 길에서 주운 돈, 만 원을 그냥 가졌다. 이건 죄일까? 아닐까?

질문 2 동네 슈퍼에서 음료수와 과자를 사고 만 원을 냈다. 슈퍼 주인이 실수로 거스름돈을 천 원 더 주었다. 말을 제대로 할까 말까 하다가 더 받은 거스름돈을 그냥 가지기로 했다. 이건 죄일까? 아닐까?

정답은 둘 다 범죄이다. 정확한 범죄명은 '점유 이탈물 횡령죄'이다. 말 그대로 원래 주인의 점유를 이탈한 재물을 허락 없이 가져가 횡령함으로써 성립하는 범죄를 말한다. 엄밀하게 말하면 길에서 백 원을 주워서 자신이 가지면 이 죄가 성립된다는 의미이다. 실제로 길에서 돈을 잃어버리면 CCTV를 분석해서 범인을 가리기도 한다. 물론 누가 백 원 잃어버렸다고 신고를 하진 않겠지만, 이런 행동이 법을 어기는 행동이라는 개념이 중요하다. 동네 슈퍼에서 거스름돈을 백 원이나 천 원 더 많이 받았을 때, 양심에 맡겨서 행동하라고 하는 말보다 정확하게 행동의 경계에 대한 인식을 갖게 하는 것이 필요하다.

왜 아이들에게 이런 이야기까지 들려주는 것이 더 좋을까? 위의 두 가지 경우는 일상에서 가끔 경험하는 일이다. 그리고 아이는 이 장면을 다 보고 있다. 아이들이 훔치는 것에 대한 의식이 없을 땐 무심코 남의 물건을 주머니에 넣어 가지고 온다. 남의 물건을 허락받지 않고 가져 오면, 그게 도둑질이라는 사실을 가르쳐야 한다. 그런데 위의 경우처럼 헷갈리는 경우가 있다. 그러니 혹시 아이가 저런 경우가 생기면 분명히 알려 줘야 한다. 유치원이나 친구 집에서 장난감을 허락받지 않고 가져오는 것, 임자가 누구인지 몰라도 주운 돈이나 물건을 자기가 가지면 그것은 범죄라는 사실을 분명히 알려야 한다. 그래야 명확하게 행동의 경계에 대한 인식이 생겨난다. 학교 앞 문구점 주인아저씨가 하소연하시는 말씀이 이렇다.

"요즘 아이들, 훔치다 들켜도 돈 내면 될 거 아니냐며 큰소리를 쳐요. 도대체 그런 걸 누구에게 배웠겠어요."

이런 아이에게 꼭 가르쳐야 할 것이 앞에서 말한 개념적 정리이다. 아이는 분명 도둑질을 한 것이다. 변상한다고 해서 그 죄가 사라지는 것이 아님을 아이는 알아야 한다. 아이가 나쁜 것이 아니라 제대로 배우지 못했음이 안타깝다.

: 도벽 있는 아이를 위한 협상 대화법 :

소유 개념 익히기

유아기에 아이들의 소유 개념이 형성되기 시작한다. 물론 저절로 형성되는 게 아니라 가르쳐야 한다. '내 꺼', '엄마 꺼'라고 말하면서 아이는 내 것과 남의 것을 구분하게 된다. 소유 개념에 관해 옳고 그름이 분명치 않으니, 가르쳐 주는 것이 필요하다. 초등학생이라 해도 아직 도덕 기준이 명확치는 않다. 따라서 다양한 상황의 문제해결 방법은 여전히 미숙하다. 이런 경우에는 엄마와의 관계에서부터 소유 개념을 가르치는 것이 좋다.

"엄마 꺼 빌려 주세요. 제가 잠깐 사용해도 돼요?"

이렇게 말하도록 가르치기만 해도 소유 개념은 서서히 잘 발달하게 된다.

변상 행동을 직접 경험하게 한다

이것은 벌주는 것이 아니라 책임지는 것이다. 오빠의 돈이든, 친구의 물건이든 꼭 직접 돌려주어 그 미안함과 창피함을 극복할 수 있게 도와주자. 문구점이나 마트에서 물건을 훔쳤다면 직접 가서 사과하고 그 당황스러움과 창피함, 부끄러움, 수치심을 견뎌내고 깨달을 필요가 있다. 물론 상대 쪽에서 아이를 지나치게 거칠게 대하거나 면박을 줄 수 있으니 사전에 미리 양해를 구해 아이에게 가르침과 깨달음의 기회가 되도록 설계하면 좋겠다. 상대방이 아이에게 '절대 그러지 마라. 특별히 반성할 기회를 준다.'라고 말하고, 아이도 정중하게 진심을 담아 사과하며 잘 마무리하는 것이 중요하다.

부모의 바람직한 태도가 중요하다

"물건을 훔치는 것은 정말 부끄러운 일이야."

"앞으론 절대 이런 일을 해서는 안 돼."

"사과한 건 정말 잘한 일이야. 용기있는 행동이었어."

"전문가에게 물어보니 네가 외로워서 그런 거라고 하더구나. 네 마음 몰라줘서 정말 미안하다. 엄마가 네 생각을 더 많이 할게. 너도 엄마에게 원하는 것이 있으면 말해 줄 수 있겠니?"

아무리 아이가 잘못했다 해도, 세상 사람 모두가 비난한다 해도 부모는 아이의 마지막 보루이다. 부모마저 아이를 비난하기만 한다면 아이는 갈 곳이 없다. 그러니 진지하고 단호하게 행동의 잘잘못을 지적하는 것과 동시에 아이의 마음을 보살피지 못한 점도 사과하자. 이 사건을 겪으면서 아이가 사과하고 반성하는 행동에 대해 지지와 격려를 하는 것도 중요하다. 화내는 것과 권위 있는 가르침은 질적으로 다르다. 현명하게 아이의 잘못을 처리하는 부모의 모습에서 아이는 다시 심리적 안정을 찾기 시작한다.

물건을 가질 수 있는 정당한 방법에 대해 협상하기

이제 협상의 단계이다. 아이가 원하는 것이 생겼을 때 그것을 얻는 방법에 대해 아이와 부모가 협상하고 합의해야 한다.

"넌 네가 갖고 싶은 게 생기면 앞으로 어떻게 하고 싶니?"

"엄마 아빠에게 일단 말을 하는 게 어떨까?"

"엄마 아빠도 네 의견을 최대한 반영하도록 노력할게."

"아무리 간절하게 원해도 갖지 못하는 것도 있어."

"네가 갖고 싶은 물건이 생기면 왜 그걸 원하는지 최소한 세 가지 이유를 생각하고 말해 주기 바래."

"원하는 걸 얻는 방법은 다양하단다. 엄마 아빠에게 요구하는 방법, 엄마 아빠의 마음이 움직이도록 설득하는 방법, 네 마음을 조절해서 요구를 낮추거나 나중으로 미루는 방법. 상황에 따라 네가 적절한 방법을 잘 활용하기 바랄게."

협상의 절차에는 아이가 진심으로 원하는 것이 무엇인지가 명료하게 표현되어야 한다. 그리고 왜 그것을 원하는지에 대한 타당한 이유도 찾아내는 것이 좋다. 그런 다음 지금 당장 욕구를 충족할 것인지, 나중으로 미룰 것인지, 스스로 해결할 것인지, 부모의 도움을 받을 것인지 아이와 부모가 서로 의견을 조율하고 합의점을 찾아가야 한다. 결론이 아이가 원하는 쪽이든 부모가 원하는 쪽이든, 중요한 것은 그 과정에서 서로의 마음을 충분히 나누게 된다는 점이다.

서로 하고 싶은 말을 충분히 한다면 마음의 찌꺼기는 남지 않는다. 반대로 부모와 충분히 소통하고 결정한 것에 대해서는 오히려 뿌듯해하고 자랑스러워한다. 아이들은 참 신기하다. 때로는 엄격한 통제를 받는 것을 통해 부모의 사랑을 확인하기도 하니 말이다. 도벽에는 엄격한 통제가 필요하다. 단, 아이와의 협상을 바탕으로 한 엄격한 통제여야 한다.

: 협상하지 않는 부모들 :

아이의 도벽은 아이를 키우면서 겪게 되는 매우 충격적인 사건 중의 하나이다. 그러므로 엄마 아빠가 이성을 유지하며 바람직한 부모 역할을 해내기가 쉽지 않다. 그래서 아이에게 오히려 더 부정적인 영향을 주게 되는 경우도 많다.

도벽뿐 아니라 다양한 아이의 문제 행동에서 부모가 협상을 생각하지 못한다면 어떤 행동으로 아이의 문제 행동을 고칠 수 있을까? 아이가 잘못했으니 혼나야 한다는 생각으로는 아이를 도와주기 어렵다. 협상하지 않는 부모가 하는 행동들이 아이에게 어떤 영향을 끼치는지 알아보자.

지나치게 화를 내는 부모

아이는 자신이 잘못했음에도 불구하고 지나치게 화를 내는 엄마 아빠 앞에서 두려움과 공포감에 휩싸이게 된다. 잘못을 깨닫고 반성할 틈이 없다. 아무 생각도 할 수가 없다. 결국 아이의 도벽에 대한 구체적인 해결은 전혀 하지 못한 채 부모의 한풀이와 넋두리로 끝나게 된다. 게다가 부모의 격한 반응에 겁을 먹고 훔치되 절대 들키지 않으려 잔머리를 쓰는 부작용도 생긴다.

심한 체벌을 가하는 부모

이 또한 격하게 화를 내는 것과 마찬가지이며 체벌이 더해지기 때문에 오히려 절대 들키지 말아야겠다는 생각만 더 강해진다. 맞는 상황만 무서울 뿐 정작 도벽에 대해서는 올바른 도덕관을 발달시키지 못하게 된다. 아이는 잘 자라고 싶다. 하지만 자신의 잘못 앞에서 부모가 더 잘못하고 있기 때문에 원망과 미움만 생길 뿐, 잘못을 수정할 생각은 하지 않는다. 아이는 이제 자신을 망치는 부모를 배신하기 위해 더 큰 위험으로 빠져들 확률이 높아진다.

협박하는 부모

나쁜 버릇을 고쳐 주겠다는 의도로 아이를 겁주고 협박한다. 도둑질하면 감옥에 간다는 말이 대표적이다. 어떤 부모는 아이를 경찰서 앞까지 끌고 가서 "경찰관 아저씨, 이 아이 좀 잡아가세요." 라며 소리 지르기도 한다. 안타깝게도 부모의 이런 말과 행동들은 아이의 변화를 촉진하는 것이 아니라 오히려 더 감추고 거짓말까지 동원하게 만들 수 있다. 원래 훔치기와 거짓말은 동반 출현하는 경우가 많다. 협박하는 부모 앞에서 변명을 위해 무슨 말이든 못 하겠는가. 협박하는 부모는 아이를 성장시키지도 못할 뿐 아니라, 존경받지도 사랑받지도 못한다.

나는 왜 항상 아이에게 지는가

초판 1쇄 발행 2014년 11월 28일

지은이 이임숙, 노선미
펴낸이 이지은 **펴낸곳** 팜파스
기획 정은아 **책임편집** 김소현
디자인 조성미 **마케팅** 정우룡
인쇄 (주)미광원색사

출판등록 2002년 12월 30일 제 10-2536호
주소 서울시 마포구 서교동 404-26 팜파스빌딩 2층
대표전화 02-335-3681 **팩스** 02-335-3743
홈페이지 www.pampasbook.com | blog.naver.com/pampasbook
이메일 pampas@pampasbook.com

값 13,000원
ISBN 978-89-98537-71-5 (13370)

ⓒ 2014, 이임숙, 노선미

· 이 책의 일부 내용을 인용하거나 발췌하려면 반드시 저작권자의 동의를 얻어야 합니다.
· 잘못된 책은 바꿔 드립니다.

이 도서의 국립중앙도서관 출판시도서목록(CIP)은 서지정보유통지원시스템 홈페이지 (http://seoji.nl.go.kr)와 국가자료공동목록시스템(http://www.nl.go.kr/kolisnet)에서 이용 하실 수 있습니다.(CIP제어번호: CIP2014031218)